Berlitz®

Spanisch
Übungsbuch

Phil Turk

Berlitz Publishing Company, Inc.
Princeton Mexiko Stadt Dublin Eschborn Singapur

Berlitz Publishing Co., Inc., 400 Alexander Park, Princeton, NJ, 08540, USA

Berlitz Publishing Co., Inc., 9-13 Grosvenor St., London W1X 9FB, UK

ISBN 3-8043-4546-8

Übungsbuch- Konzept: Lynne Strugnell

Übungsbuch Spanisch: Phil Turk

Deutsche Fassung: Jürgen Lorenz

1. Ausgabe

Printed December 1999

Inhalt

Einleitung

Das *Berlitz Übungsbuch Spanisch* ist für Sie geeignet, wenn Sie bereits etwas Spanisch gelernt haben. Sie können sich in alltäglichen Situationen mit einfachen Ausdrücken verständigen und möchten Ihre Kenntnisse jetzt auffrischen oder ausbauen.

Sie können die Wort- und Satzspiele im vorliegenden Buch als Zusatzmaterial zu Ihrem Sprachkurs oder als Grundlage für Ihr Selbststudium verwenden. Die spielerische und unterhaltsame Art, sich mit der Sprache zu beschäftigen, wird Ihnen gefallen. Dabei gewinnen Sie auf jeden Fall mehr Sicherheit in der Anwendung der Grammatik und erweitern Ihren Wortschatz.

Wie Sie dieses Buch am besten benutzen

Sie kommen besser voran, wenn Sie sich ein wöchentliches oder sogar tägliches Ziel stecken. Das Wichtigste hierbei: Seien Sie realistisch. Nehmen Sie sich nicht zu viele Übungen auf einmal vor. Der Schwierigkeitsgrad steigt mit jeder Lektion. Wir empfehlen deshalb, mit Lektion 1 zu beginnen. Selbst wenn Sie dabei viel Bekanntes entdecken, vertiefen Sie Ihre Kenntnisse.

Jede Lektion hat ein bestimmtes Thema zum Inhalt, z. B. Reisen, Restaurantbesuch oder Freizeitaktivitäten. Der Aufbau ist für alle Lektionen gleich. Folgende Übungen sind enthalten:

Paare Zur Einführung in das jeweilige Thema bilden Sie aus Gruppen von Wörtern oder Sätzen zusammengehörige Paare.

Sprechprobe Hier gilt es, lebendige Dialoge zuerst zu vervollständigen und dann zu üben.

Wortschatztraining Vielfältige Aktivitäten helfen Ihnen bei der Erweiterung Ihres Vokabulars.

Grammatik im Visier Hier finden Sie gezielte Übungen zum sicheren Gebrauch der wichtigsten grammatischen Elemente und Strukturen.

Leseecke Testen und verbessern Sie Ihr Textverständnis - finden Sie Zusammenhänge.

Schreibprobe Bereiten Sie sich auf kurze schriftliche Mitteilungen und Beschreibungen vor.

Sie können die Lösungen direkt ins Buch schreiben oder separat notieren. Die richtigen Antworten finden Sie im Antwortschlüssel im hinteren Teil des Buches. Wenn Sie ein Wort nicht verstehen, schlagen Sie im Glossar dessen deutsche Bedeutung nach. Die behandelten Grammatikstrukturen finden Sie ebenfalls im Anhang in übersichtlicher Form zusammengefasst.

Lektion 1: Alles über mich.

In dieser Lektion geht es um Namen, Adresse, Nationalitäten, und wie man sich vorstellt.

Paare

1. *Ser* und *estar* (sein)

Ordnen Sie die passenden Verbformen den Subjektformen zu.

nosotros los Sres Pérez vosotros ella él yo usted Miguel Pablo y tú tú Rosa y yo ustedes ellos el coche

soy eres es estoy estás está

somos sois son estamos estáis están

Sprechprobe

2. Sich vorstellen

Emilio Torres hat heute ein Vorstellungsgespräch. Lesen Sie die Unterhaltung, und setzen Sie dann die jeweils entsprechenden Ausdrücke in den Dialog ein.

estás quiere perdone es soy conocer me llamo está

Emilio Buenos días.

Cristina Buenos días. ¿El señor Vicente?

Emilio No, mi nombre __________ Torres. __________ Torres, Emilio Torres.

Cristina ¡Ah! ¡Señor Torres! ¡ __________ usted! ¿Cómo __________ usted? __________ Cristina Ramírez.

Emilio Encantado de __________ la, señora Ramírez.

Cristina ¿ __________ tomar café o un refresco?

Emilio Café con leche, por favor.

Cristina ¡Susana! ¡Susana! ¿Dónde __________ ?

Susana Perdona. ¿Sí?

Cristina Susana, tráenos un café con leche y un jugo de naranja, por favor.

Wortschatztraining

3. Länder und Nationalitäten

Ergänzen Sie die Tabelle.

Land	Nationalität
España	español
Francia	
Inglaterra	
	colombiano
	coreano
Italia	
Estados Unidos	
	mejicano
Japón	
	brasileño
Perú	

4. Zahlen

Setzen Sie die Buchstaben in die richtige Reihenfolge. Dann ordnen Sie jeder Zahl das passende Wort zu.

sert ....

cooh ....

isse seis

sdo ....

nou ....

zide ....

ceno ....

iconc ....

rucota ....

coed ....

evenu ....

etise ....

Grammatik im Visier

5. *Ser* oder *estar*?

Setzen Sie die richtige Form ein.

1. Emilio es/está __________ contento hoy porque tiene una entrevista para un nuevo trabajo.
2. Emilio es/está __________ ingeniero.
3. El nuevo trabajo es/está __________ en Villaverde.
4. Emilio es/está __________ esperando en recepción.
5. Los muebles son/están __________ muy cómodos.
6. - Mi nombre es/está __________ Emilio Torres.
7. - Soy/estoy __________ ingeniero.
8. - Soy/estoy __________ aquí para una entrevista.
9. - Soy/estoy __________ encantado de conocerla.
10. - Por favor, ¿dónde son/están __________ los servicios?

6. Negative

Sehen Sie sich die Leute an. Dann bilden Sie Sätze wie im Beispiel.

Beispiel:

~~Torres~~ Vicente

No es el señor Torres.

Es el Señor Vicente.

1. ....

Es española.

2. ....

Son de Barcelona.

3. ....

Es té.

4. Su nombre ....

Es Juan Carlos.

5. ....

Estoy casada.

1.

~~francesca~~ española

2.

~~Madrid~~ Barcelona

3.

~~café~~ té

4.

~~Pedro~~ Juan Carlos

5.

~~soltera~~ casada

Leseecke

7. Informationen zur Person

Sehen Sie sich Emilios Bewerbungsbogen an. Dann bringen Sie die Zeilen in die richtige Reihenfolge.

HOJA DE SOLICITUD

NOMBRE Y APELLIDO: Emilio Torres

DIRECCION: Calle del Bosque, 28, Pontevedra

EDAD: 31

SOLTERO/~~CASADO~~

casado, está soltero. Tiene

Emilio Torres es español. Es de

León. Tiene 29 años.

Calle del Bosque, 28. No está

Rosa. Es de

Pontevedra. Su dirección es

31 años. Su novia se llama

....

....

....

....

....

Schreibprobe

8. Alles über Sie.

Schreiben Sie über sich selbst.

Beispiel: (nombre y apellido) Me llamo Karlheinz Gottschalk.

Datos personales

Nombre y apellido: ---------------------------------

Dirección: ---------------------------------

Nacionalidad: ---------------------------------

Edad: ---------------------------------

Soltero/casado: ---------------------------------

Lektion 2: Ich habe einen neuen Job!

In dieser Lektion üben Sie, über Familie, Beruf und Alter zu sprechen.

Paare

1. Fragen und Antworten

Ordnen Sie jeder Frage die entspechende Antwort zu.

1. ¿Cómo está usted?
2. ¿Es usted la señora Ramírez?
3. ¿Café?
4. ¿De dónde es?
5. ¿Son españoles?
6. ¿Cuántos años tiene?
7. ¿Es Vd ingeniero?

( ) a. Sevilla
( ) b. Sí, por favor
( ) c. Sí, soy ingeniero.
( ) d. Muy bien, gracias, ¿y usted?
( ) e. No, me llamo Jiménez.
( ) f. No, son italianos.
( ) g. Tiene 17 años.

Sprechprobe

2. *Un* oder *una*?

Emilios Vorstellungsgespräch war ein voller Erfolg, und er ruft gleich seine Freundin Rosa an. Füllen Sie die Lücken mit dem passenden unbestimmten Artikel *un* oder *una*.

Rosa ¿Diga?

Emilio ¡Hola! Soy Emilio.

Rosa ¡Hola, Emilio!

Emilio ¡Oye! ¡Tengo __________ puesto de trabajo!

Rosa ¡Tienes __________ nuevo puesto! ¿Dónde?

Emilio Vacasa Internacional. Es __________ empresa de viajes, __________ empresa internacional de viajes. Tengo __________ puesto, y __________ oficina y __________ jefa simpática.

Rosa ¿ __________ jefa, dices? Tu jefe es __________ mujer? ¿Cuántos años tiene? ¿De dónde es? ¿Está soltera?

Emilio ¡No te preocupes! Está casada. Tiene marido y __________ familia de tres niños! Pero ¡es __________ mujer muy bonita!

Wortschatztraining

3. Wie alt bist du?

Vervollständigen Sie die Sätze mit Hilfe der Angaben in der Box und *tener.*

Juan tiene veinticuatro años ....

Rosa ....

Susana y Pedro ....

Yo ....

María ....

María y yo ....

Antonio ....

Tú ....

Usted ....

NAME	ALTER
Juan	24
Rosa	29
Susana	32
Pedro	32
Yo	43
María	43
María y yo	43
Antonio	65
Tú	14
Usted	56

4. Rosas Familie

Die kleine Juanita hat eine Liste mit allen Familienmitgliedern aufgestellt. Ordnen Sie den Wörtern in der Box "f" für feminin und "m" für maskulin zu. Dann vervollständigen Sie die Sätze unten.

tío ----
sobrina ----
madre ----
hijo ----
mujer ----
tía ----
hija ----
sobrino ----
padre ----
abuela _f_
hermano ----
marido ----
hermana ----
abuelo _m_

1. Mi hermano se llama ....
2. Mi .... se llama Susana.
3. Susana está casada. Su .... se llama Pedro.

4. Su hija se llama __________ .

5. Su __________ se llama Tomás.

6. Juanita es mi __________ y Tomás es mi __________ .

7. Mi __________ se llama María y mi __________ se llama Antonio.

8. Mi __________ se llama Alicia.

Grammatik im Visier

5. *tener* - haben

1. Rosa, ¿cuántos hermanos __________ ?
2. Yo __________ dos hermanos.
3. María y Antonio __________ tres hijos.
4. Susana y yo __________ un hermano.
5. Juana __________ dos sobrinos.
6. Alicia ¿cuántos nietos __________ usted?

6. Fragen stellen

Um die Fragen zu den Antworten zu finden, müssen Sie die Wörter in die richtige Reihenfolge bringen.

Beispiel: ¿dirección/es/Emilio/de/cuál/la?
Q ¿ Cuál es la dirección de Emilio?
A Es Calle del Bosque, 28, Pontevedra.

1. ¿coche/usted/tiene?
Q ¿ ________________________________ ?
A Sí, tengo.

2. ¿vive/novia/Emilio/la/de/dónde?
Q ¿ ________________________________ ?
A En León.

3. ¿señor/el/Barcelona/de/es/Vicente?
Q ¿ ________________________________ ?
A No, es de Jaén.

4. ¿llama/su/cómo/se/jefe?
Q ¿ ________________________________ ?
A Se llama Cristina Ramírez.

5. ¿tienen/de/hijos/cuántos/Susana/los/años?
Q ¿ ________________________________ ?
A Cuatro y siete.

6. ¿su/qué/marido/es?
Q ¿ ________________________________ ?
A Es contable.

¡Hola papá y mamá! ¿Qué tal estáis? Yo estoy muy bien. Buenas noticias - tengo un nuevo empleo! Ya no soy ingeniero, soy periodista, periodista de viajes. Es una empresa grande - tiene sucursales en Méjico, Caracas, Madrid, Barcelona, Nueva York - y Tokio. Ah, y se llama Vacasa Internacional.
Un abrazo de Emilio.
PD: También tengo novia. Se llama Rosa y es de León. Es fotógrafa.

Leseecke

7. Eine Postkarte

Lesen Sie Emilios Postkarte an seine Eltern.Dann entscheiden Sie, ob die Aussagen richtig oder falsch sind.

Beispiel: Emilio tiene malas noticias. — No, tiene buenas noticias.

1. Emilio tiene un nuevo coche. ....
2. Emilio es ingeniero ahora. ....
3. Vacasa Internacional es una empresa pequeña. ....
4. Tiene cinco sucursales. ....
5. La novia de Emilio es periodista. ....

Schreibprobe

8. Fragen eines Polizisten

Auf dem Weg vom Büro nach Hause wird Cristina von einem Polizisten angehalten, der ihr eine Reihe von Fragen stellt. Vervollständigen Sie die Unterhaltung mit Fragen und Antworten wie im Beispiel.

Policía	Perdone usted.	
Cristina	¿Sí?	
Policía	(La señora Cristina Domínguez?)	¿Es usted la señora Cristina Domínguez?
Cristina	(No - Cristina Ramírez)	No, soy Cristina Ramírez.
Policía	(dirección Avenida de los Robles, 47?)	....
Cristina	(no - Avenida de los Olmos, 47)	....
Policía	(¿casada?)	....
Cristina	(sí)	....
Policía	(¿nombre de marido?)	....
Cristina	(Felipe)	....
Policía	(¿contable?)	....
Cristina	(no - profesor)	....
Policía	(¿de París?)	....
Cristina	(no - Zaragoza)	....
Policía	Ah, vale. Lo siento. Perdone. ¡Hasta luego!	

Lektion 3: Wo ist Ihr Büro?

In dieser Lektion beschreiben wir, wo sich Dinge befinden und welche Farbe sie haben. Außerdem befassen wir uns mit Gebäuden, Büros und ihrer Einrichtung.

Paare

1. *¿Dónde está el gato?*

Ordnen Sie den Bildern Ausdrücke zu.

2.

3.

4.

5.

a. debajo de la ventana
b. en la silla
c. en el rincón
d. detrás del sofá
e. al lado del televisor
f. entre el televisor y el sofá
g. cerca de la puerta

6.

7.

Sprechprobe

2. *Hablando de la oficina*

Emilio erzählt seiner Mutter von seinem neuen Job bei Vacasa Internacional. Vervollständigen Sie den Dialog mit dem passenden Wort in der Klammer.

Madre ¿Dónde está la empresa, Emilio?

Emilio Está (en/sobre) _________ Villaverde. Es el gran edificio blanco, al lado (de la/del) _________ Hotel Bellavista.

Madre Ah, sí. Y ¿cuántas personas (son/hay) _________ en Vacasa Internacional?

Emilio (Está/hay) _________ cincuenta y tres personas en la sucursal de Villaverde.

Madre ¿Tú (tienes/tiene) _________ una oficina?

Emilio	Sí, claro. Pero hay cinco personas, entonces hay cinco ordenadores, cinco mesas, cinco sillas y cinco teléfonos también - y ¡es una oficina pequeña! Y tiene (puertos/puertas) __________ verdes y una alfombra verde. Pero es bonita. Hay una ventana grande, y hay un parque (detrás/debajo) __________ del edificio.
Madre	¿Hay mujeres en tu oficina?
Emilio	Sí, hay (una/dos) __________ mujeres.
Madre	Y ¿hay tiendas (cerca/lejos) __________ de la oficina? ¿O restaurantes?
Emilio	Sí, hay un restaurante mejicano. Y hay un pequeño bar (entre/detrás) del hotel.

Wortschatztraining

3. Farben

Neun Farben verstecken sich in dieser "sopa de letras". Eine geben wir Ihnen vor. Die anderen müssen Sie selbst finden.

P	O	N	M	N	E	G	R	O
A	A	M	A	R	I	L	L	O
L	E	I	R	R	L	O	Z	T
M	B	O	R	F	A	T	O	S
G	V	R	O	V	C	N	H	O
O	E	Z	N	R	D	A	J	I
G	R	I	S	I	O	Z	N	A
U	D	A	Z	U	L	J	V	N
B	E	B	L	A	N	C	O	T

4. Überflüssiges

Markieren Sie die Wörter, die nicht in die angegebenen Wortgruppen passen.

1. **Oficina:** mesa tienda silla ordenador teléfono jefe
2. **Sala de estar:** sofá alfombra silla servicio televisor mesa
3. **Cocina:** vestíbulo frigorífico lavadora cuchillo fregadero ventana
4. **Cuarto de baño:** lavabo baño ducha jabón huevo puerta
5. **Casa:** dormitorio servicio garaje jardín baño gimnasio

Grammatik im Visier

5. Gegenwart

Füllen Sie die Lücken mit der passenden Verbform der Gegenwart.

1. Ahora Emilio (trabajar) __________ en Villaverde.
2. Cristina y su familia (vivir) __________ en Pontevedra.

3. Las secretarias de Vacasa Internacional (hablar) __________ varios idiomas extranjeros.
4. Yo a veces (comer) __________ en el bar cerca de la oficina.
5. Los sábados mis amigos y yo (jugar) __________ al tenis.
6. ¿Dónde (trabajar) __________ usted?
7. Emilio (escribir) __________ reportajes para la empresa.
8. Y nosotros (viajar) __________ a todas partes del mundo para la empresa.

6. Fragen

Bilden Sie Fragen, und geben Sie kurze Antworten.

Beispiel: sofá/sala de estar ¿Hay un sofá en la sala de estar?
Sí, hay.

1. ducha/cuarto de baño ....
Sí, ...
2. lavadora/cocina ....
No, ...
3. huevos/frigorífico ....
Sí, ...
4. restaurantes/Villaverde ....
Sí, ...
5. mujeres/tu oficina ....
No, ...
6. alfombra verde/sala de estar ....
Sí, ...

Leseecke

7. *El Hotel Bellavista*

Lesen Sie die Hotelbeschreibung. Dann tragen Sie die verschiedenen Einrichtungen auf dem Grundriss auf der nächsten Seite ein.

Hay un gran restaurante junto al vestíbulo a la izquierda, y hay una pequeña cafetería al lado del vestíbulo a la derecha. Hay una librería entre la cafetería y la oficina de viajes. Los teléfonos públicos están cerca de la oficina de viajes. Hay un gimnasio pequeño al lado de la sauna, y una piscina pequeña cetrás del gimnasio. Hay aseos en el rincón cerca del restaurante. En el rincón del vestíbulo hay algunos sofás, sillas y mesitas para café.

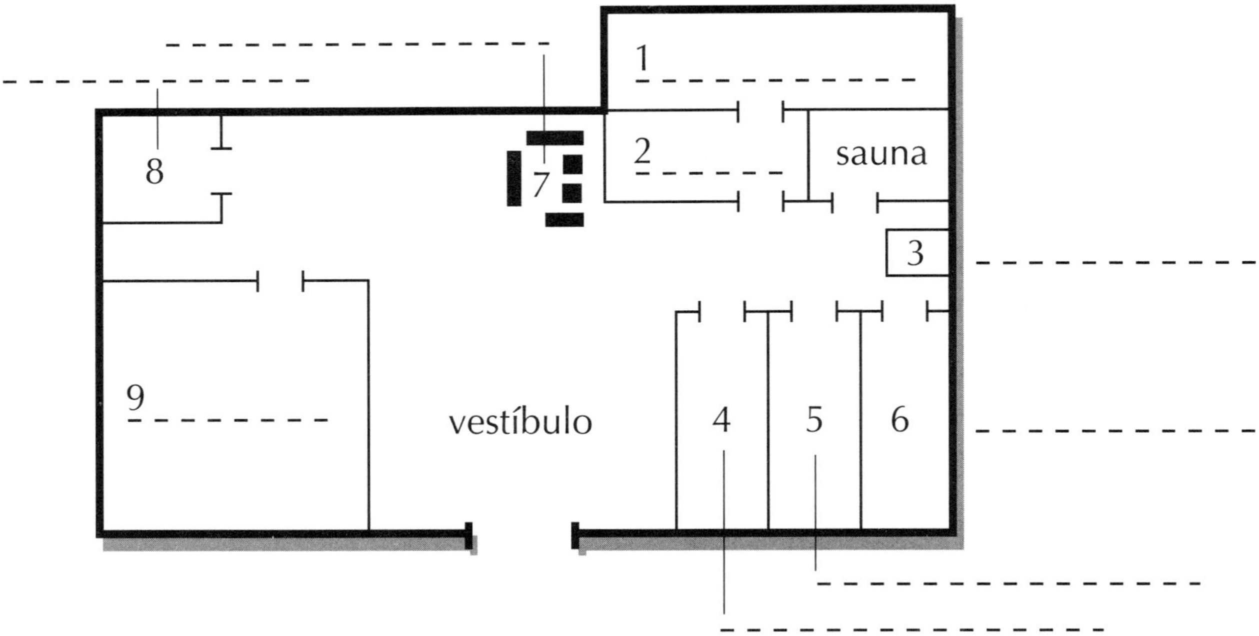

Schreibprobe

8. Rosas neue Wohnung

Rosa ist in eine andere Wohnung gezogen. Bilden Sie Fragen zu den vorgegebenen Antworten unter Benutzung der Informationen in der Box.

Beispiel: ¿Hay ducha? ....

No, no hay.

1. ....

Hay dos.

2. ....

Sí. Está en la cocina.

3. ....

Es amarilla.

4. ....

Está al lado de la casa.

5. ....

Sí, hay tres naranjos.

6. ....

Está detrás de la casa.

¡VALOR INCREIBLE! casa pequeña, 2 dormitorios, baño (sin ducha), gran cocina con lavadora, sala de estar ¡¡amarilla!!, garaje (junto a la casa), pequeño jardín detrás de la casa (3 naranjos). Tel 986 444 3321.

Lektion 4: Das gefällt mir!

In dieser Lektion geht's um Sport, Hobbys und um Dinge, die man mag bzw. nicht mag. Außerdem üben Sie die Uhrzeiten.

Paare

1. Ähnlichkeiten

Verbinden Sie die Wörter, deren Anfang gleich ausgesprochen wird.

cinco queso
zapato
COMO quién
CUATRO cuánto cuál
gato ciudad
gracias chocolate
gusta
japonés
GERENTE general
chico CHURRO

Sprechprobe

2. Frühstückszeit

Cristina Ramírez hat gerade für die Familie das Frühstück zubereitet. Jetzt wartet sie auf ihre Kinder Linda und Juan Carlos und ihren Mann Felipe. Lesen Sie die Unterhaltung, und beantworten Sie dann die Fragen.

Cristina ¡El desayuno está servido! ¿Dónde están? ¿Dónde están los niños? ¡A desayunar!

Felipe El desayuno está listo, pero los niños no. Linda está todavía en el baño, y Juan Carlos está en la cama. Y tiene mi periódico.

Cristina ¿Cómo? Pero ¡son las ocho! Ya es tarde. El desayuno está servido.

Felipe Yo estoy listo. Churros con chocolate - ¡qué bien! Me encantan los churros con chocolate. Ah, ahí viene Linda.

Linda ¡Hola, buenos días, mamá y papá!

Cristina Llegas tarde - son las ocho ya, y ahora yo también, y tu padre, todos llevamos retraso.

Linda Lo siento. ¿Es éste mi desayuno? ¿Churros con chocolate? ¡Puaj! Eso no, gracias.

Cristina ¿Cómo? Pero ¡te gustan los churros con chocolate!

Linda No. No me gustan. ¡Los odio! Estoy de régimen.

Cristina ¿Qué estás de régimen?

Linda Sí. A partir de hoy, estoy de régimen. ¿Hay café solo?

Beispiel: ¿Quién está en el baño? Linda está en el baño.

1. ¿Quién está todavía en la cama? ....
2. ¿Quién tiene el periódico de Felipe? ....
3. ¿Quién está listo? ....
4. ¿A quién le gustan los churros con chocolate? ....
5. ¿A quién no le gustan? ....
6. ¿Quién está de régimen? ....

Wortschatztraining

3. Wie viel Uhr ist es?

Schreiben Sie die Uhrzeiten aus, so wie im Beispiel.

Beispiel:

1. ....

2. ....

Son las nueve y media.

3. ....

4. ....

4. Wo ist Felipe um sieben Uhr?

Schreiben Sie Felipes Tagesplan auf. Benutzen sie die Wörter aus der Box.

Beispiel: 7.00 A las siete está en la cama.

Mañana

1. 7.30 ....
2. 8.30 ....
3. 9.00 ....

Tarde

4. 1.30 ....
5. 7.30 ....
6. 9.30 ....

delante del televisor
en el baño
en el restaurante
en la cama
en su coche
en su oficina
en el gimnasio

Grammatik im Visier

5. Wer mag was?

Füllen Sie die Lücken mit Wörtern aus der Box.

1. A mí __________ gusta mucho el chocolate con churros.
2. A Emilio __________ encanta su nuevo trabajo.
3. A Linda no __________ gusta comer mucho.
4. A los niños no __________ gusta ir al colegio.
5. A nosotros __________ gusta mucho estudiar el español.
6. ¿A ti __________ gustan las naranjas?
7. ¿A usted __________ gusta el café o el té?

le
me
le
te
le
nos
les

6. Vorlieben und Abneigungen

Wählen Sie die korrekte Verbform.

1. ¿A usted le (gusta/gustan) __________ los churros?
2. Sí, pero no me (gusta/gustan) __________ mucho el chocolate.
3. A Felipe le (encanta/encantan) __________ ir al gimnasio.
4. A Cristina no le (gusta/gustan) __________ nada la cerveza.
5. Nos (encanta/encantan) __________ los vinos chilenos.
6. A los turistas les (gusta/gustan) __________ las ruinas aztecas de Méjico.

Leseecke

7. Sie mag lieber Rotwein, aber ich ...

Emilios und Rosas Freundschaft ist nicht immer einfach. Sehen Sie sich die Zeilen aus Emilios Brief an einen Freund an. Ordnen Sie die Wörter, und bringen Sie die Zeilen in die richtige Reihenfolge.

a. la carne, pero ella es vegetariana. A ella
b. gusta mucho. A ella le gusta la natación y
c. A ella le gusta el vino tinto, pero
d. le encanta ir de compras, pero a mí no. A mí
e. a mí me gusta la cerveza. Me encanta
f. me gusta bailar, pero a ella no le
g. quiero? Sí, claro que la quiero!
h. el tenis, pero a mí no. ¿La

A ella le gusta el vino tinto, pero ....

....

....

....

....

....

....

Schreibprobe

8. Gehst du gern tanzen?

Cristina Ramírez trifft ihre Freunde Pedro und Carmen, und sie überlegen, was sie gemeinsam unternehmen wollen - keine leichte Aufgabe, da alle unterschiedliche Interessen haben. Die Anzahl der Haken und Kreuze zeigt an, wie gern jemand etwas tut. Stellen Sie die richtigen Fragen, und geben Sie die passenden Antworten.

	Pedro	Cristina	Carmen	usted
el tenis	✓✓✓	✓✓	✗✗✗	?
la natación	✓✓	✓	✓✓	?
ir de compras	✓✓✓✓	✓	✓✓✓	?
bailar	✓✓	✓	✗✗✗✗	?
ir al bar	✓✓✓✓	✓✓	✓✓	?

✓✓✓✓ le encanta ✓✓✓ le gusta muchísimo ✓✓ le gusta mucho ✓ le gusta bastante
✗ no le gusta ✗✗ no le gusta mucho ✗✗✗ no le gusta nada ✗✗✗✗ no le gusta en absoluto

Beispiel: Pedro/tenis Q A Pedro le gusta el tenis? A Sí, le gusta muchísimo.

1. ¿Carmen/ir de compras? Q .... A ....
2. ¿Pedro y Carmen/la natación? Q .... A ....
3. ¿Cristina/la natación? Q .... A ....
4. ¿Carmen/bailar? Q .... A ....
5. ¿Carmen/el tenis? Q .... A ....
6. ¿Pedro/ir al bar Q .... A ....
7. ¿Usted/el tenis? ¿la natación? ¿ir de compras? ¿bailar? ¿ir al bar? Q .... A ....

Lektion 5: Hast du morgen Abend Zeit?

In dieser Lektion geht es um die tägliche Routine und darum, wie oft man etwas tut. Außerdem geht es um Uhrzeiten und die Wochentage.

Paare

1. Wie viel Uhr ist es?

Ordnen Sie die Zeiten den Uhren zu.

1. las siete y cuarto
2. las tres y cuarto
3. las cuatro quince
4. las cuatro menos cuarto
5. las nueve cuarenta y cinco
6. las ocho quince
7. las doce menos cuarto
8. la una menos cuarto

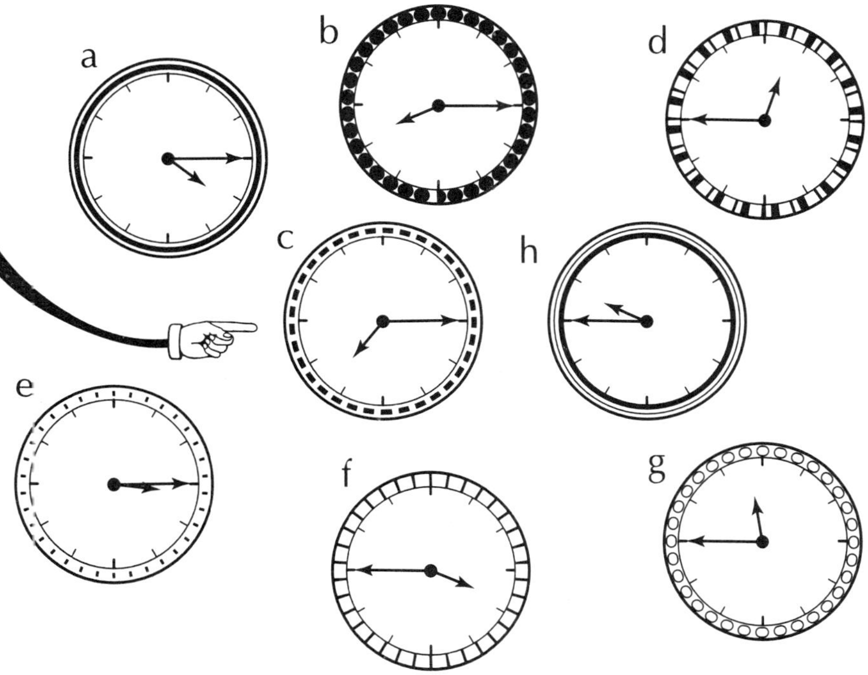

Sprechprobe

2. Willst du mit mir ausgehen?

Es ist Emilios zweite Woche bei seiner neuen Firma, und er hat sich schon ein wenig mit Ana, der Empfangsdame, angefreundet. Vervollständigen Sie die Sätze mit den Wörtern aus der Box.

veo salgo juego
aprendo preparas
juego visito lees
salgo ceno aprendo

Ana Hola, Emilio. Buenos días.

Emilio Hola, Ana. Eh...¿Ana? Estás ocupada esta tarde? Estoy libre, entonces...

Ana Lo siento, Emilio. Yo _________ al tenis los lunes. Siempre _________ al tenis los lunes.

Emilio Vale. ¿Mañana, entonces? ¿Estás libre mañana por la tarde?

Ana Es martes. No, lo siento, pero _________ el español los martes. Y _________ la guitarra los miércoles.

Emilio	Mmmmm. Es difícil. ¿Qué haces los jueves y los viernes? ¿ __________ la poesía japonesa? ¿ __________ la comida china?
Ana	No, eso no. Por lo general __________ la televisión en casa los jueves, y siempre __________ a mis padres los viernes, y __________ en su casa.
Emilio	¿Y el fin de semana? ¿Sábado? ¿Domingo?
Ana	¡Nunca __________ con hombres desconocidos los fines de semana!
Emilio	¡Yo no soy desconocido! ¡Soy Emilio!
Ana	Lo siento, pero siempre __________ con mi novio el fin de semana. Y Emilio, mira, tú tienes novia, ¿no?

Wortschatztraining

d. ______________________

3. Das richtige Wort

Finden Sie die passenden Verben zu den Bildern.

Beispiel:

beber

a. ______________________

c. ______________________

b. ______________________

e. ______________________

f. ______________________

4. Tägliche Routine

Nummerieren Sie die folgenden Aktivitäten von 1-11 in der logischen Reihenfolge. Dann markieren Sie auf dem Zifferblatt den Zeitpunkt, an dem Sie diese Aktivitäten tun.

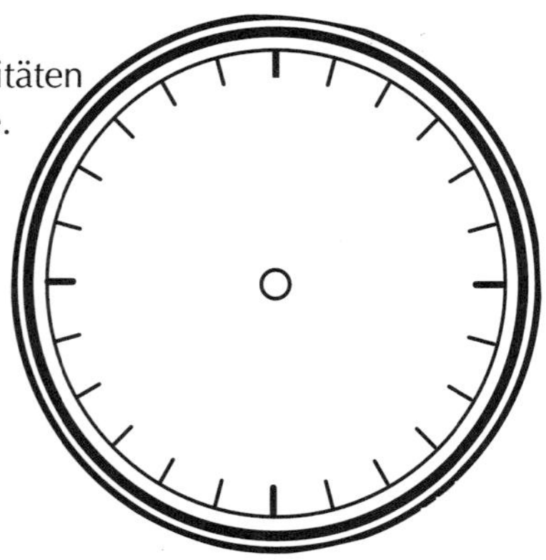

__________ leer el periódico
__________ desayunar
__________ preparar la cena
__________ acostarse
__________ ducharse/bañarse
__________ empezar el trabajo
__________ levantarse
__________ ver la televisión
__________ terminar el trabajo
__________ ir al trabajo
__________ almorzar

Grammatik im Visier

5. Vermischte Sätze

Bilden Sie sinnvolle Sätze, indem Sie die die Wörter in die richtige Reihenfolge bringen.

1. fútbol siempre sábados al los juego

2. padres visita Ana sus a a menudo

3. Emilio su trabajo al generalmente coche en va

4. tinto generalmente bebo no yo vino

5. viernes Cristina gimnasio al a veces va los

6. carne come Linda nunca

6. Wer macht was?

Finden Sie die richtige Verform, wie im Beispiel vorgegeben.

Beispiel: Carmen (salir) de casa a las ocho. Carmen sale de casa a las ocho.

1. Los niños (ir) a su nuevo colegio

2. Emilio (ir) a Villaverde.

3. Tú siempre (ir) temprano al trabajo.

4. Nosotros (vivir) en Salamanca.

5. ¿Tu hermana (comer) carne?

6. Usted (conducir) muy bien.

Leseecke

7. Rosas Tagebuch

Emilios Freundin Rosa findet ihr Leben langweilig, und sie denkt an Veränderung. Lesen Sie diesen Ausschnitt aus ihrem Tagebuch, und füllen Sie dann die Lücken mit *a, al, a la, a los* oder *a las*.

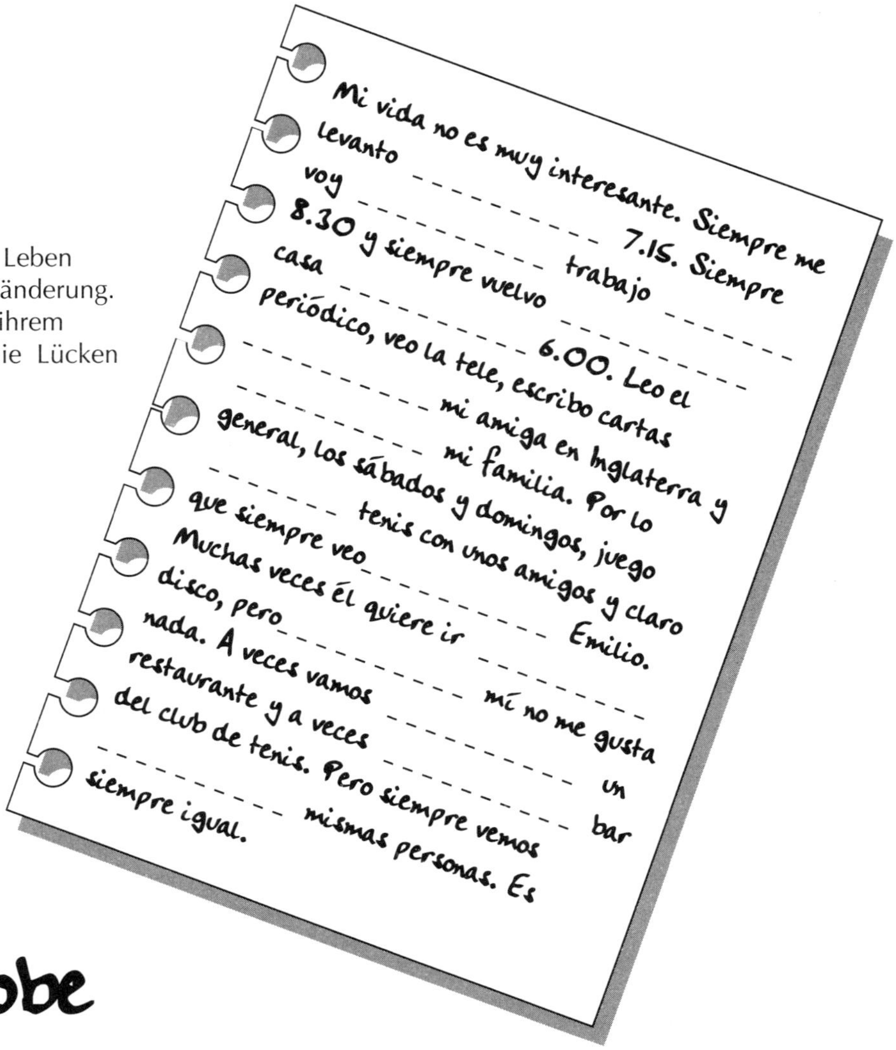

Schreibprobe

8. Alles über Sie.

Beantworten Sie die Fragen über sich selbst.

1. ¿Dónde vive usted?

   ....

2. ¿Juega usted a menudo al tenis?

   ....

3. ¿A qué hora se levanta usted?

   ....

4. ¿A qué hora almuerza usted por lo general?

   ....

5. ¿Qué hace usted generalmente los domingos?

   ....

6. ¿Conduce usted coche?

   ....

Lektion 6: Wie viel kostet das?

In dieser Lektion geht's ums Einkaufen und ums Bezahlen. Außerdem werden Sie üben, nach verschiedenen Konfektionsgrößen zu fragen.

Paare

1. Beim Einkaufen

Verbinden Sie die passenden Satzteile miteinander.

1. Esta falda ( )	a. gusta el color.
2. ¿En qué puedo ( )	b. éste en la talla 42?
3. Quiero un ( )	c. es bonita
4. ¿Cuánto cuesta ( )	d. suéter azul.
5. No me ( )	e. vaqueros.
6. ¿Qué talla ( )	f. servirla?
7. ¿Tienen ( )	g. quiere usted?
8. Me gustan estos ( )	h. este reloj?

Sprechprobe

2. Emilio hat bald Geburtstag

Rosa und ihre Freundin Pepita suchen ein Geburtstagsgeschenk für Emilio. Lesen Sie den Dialog, und beantworten Sie dann die Fragen.

Pepita Esta camisa es bonita.

Rosa Sí, es verdad, pero a Emilio no le gusta el marrón.

Pepita ¿Qué colores suele llevar?

Rosa Le gusta el azul o el gris o el negro. A veces lleva verde.

Pepita ¿Qué te parece ésta? Es un color bonito.

Rosa ¿Qué talla es? Mediana. ¿Cuánto es? ¿Dónde está la etiqueta?

Pepita Aquí está. ¿¡Cómo!? ¿¡11.000 (once mil) pesetas!?

Rosa Es de seda. No me gusta nada el precio.

Dependienta Buenos días. ¿En qué puedo servirlas?

Rosa Quiero una camisa de algodón, en azul o gris. Una camisa de sport. Es para mi novio.

Dep ¿Qué talla?

Rosa No sé. Mediana, quizá.

Dep	Esas camisas están muy populares ahora. ¿O éstas?
Rosa	Son bonitas. ¿Cuánto cuestan?
Dep	7.000 (siete mil) pesetas.
Rosa	¿Cómo? ¿7.000 pesetas? ¡Yo no tengo 7.000 pesetas!
Pepita	¿Por qué no le compramos una corbata? Son más baratas.
Rosa	Buena idea. No quiero un regalo caro. No me gusta mucho Emilio ahora. Una corbata barata es una buena idea.

1. ¿Qué colores le gustan a Emilio? ....
2. ¿Le gusta el marrón? ....
3. ¿Cuánto cuesta la camisa de seda? ....
4. ¿Rosa quiere una camisa de seda o de algodón? ....
5. ¿Tiene 7.000 pesetas? ....
6. ¿Conoce la talla de Emilio? ....

Wortschatztraining

3. Klamotten

Finden Sie die Namen der Kleidungsstücke, indem Sie die Buchstaben in die richtige Reihenfolge bringen.

Beispiel: dosevit *vestido*

1. simaca ....
2. tesure ....
3. nastelceci ....
4. ladfa ....
5. barcato ....
6. savorque ....
7. pastoza ....
8. tachaque ....
9. sabul ....
10. grobia ....

4. Geld, Geld, Geld

Schreiben Sie die Preise aus (spanische Peseten und mexikanische Pesos). Achtung bei den Zahlen mit "Hundert"!

Beispiel: 2.000 pts *dos mil pesetas*

1. 1.000 pts ....
2. 1.200 pts ....
3. 2.700 pts ....

4. 5.995 pts ....

5. 7.875 pts ....

6. 100 pesos ....

7. 283 pesos ....

8. 465 pesos ....

9. 120 pesos ....

10. 500 pesos ....

Grammatik im Visier

5. Unregelmäßige Verben

Ergänzen Sie die Sätze .

prefiero	tiene		
vuelvo	cuesta		
quiere	piensas		
cuestan	duermo		

1. Por favor, ¿cuánto __________ estos guantes?
2. ¿ __________ usted esta falda en verde?
3. ¿Qué color __________ ?
4. Lo siento, no __________ una falda roja, __________ una gris.
5. ¿ __________ usted seda o algodón?
6. ¿Qué __________ tú de este vestido?
7. Esta camisa __________ demasiado.
8. No __________ bien en este tipo de pijama.
9. No tengo bastante dinero. ¡ __________ mañana!

6. Dies und das

Füllen Sie die Lücken.

1. No me gustan estos calcetines. Prefiero (aquéllos/aquéllas) __________
2. Quisiera ver (esta/aquella) __________ camisa amarilla que hay en el escaparate.
3. ¿Cuánto cuesta (está/esta) __________ falda?
4. ¡(Este/estos) __________ guantes son muy caros!
5. Prefiero (esta/esa) __________ corbata que tiene Vd en la mano.
6. ¿Qué es (esto/este) __________ ? No sé lo que es.

Leseecke

7. Wer kocht heute?

Vervollständigen Sie die Sätze mit der richtigen Verbform.

A Cristina le __________ ir de compras, pero __________ cocinar. A su marido, Felipe, le __________ cocinar, pero ir de compras, no. Pues Cristina __________ a menudo al supermercado después del trabajo y allí __________ las provisiones para la cena. Luego Felipe __________ a casa sobre las 7.30 y__________ la cena. (A veces esto es difícil - su hija, Linda,__________ de régimen, y su hijo, Juan Carlos, no __________ pescado.) Al fin de semana, a veces los niños ________ y a veces todos __________ a un restaurante para cenar. Es caro, pero fácil.

detestar ir volver comer cocinar gustar comprar gustar preparar ir estar

Schreibprobe

8. Fragen zum Thema Einkauf

Bilden Sie sinnvolle Fragen, die zu den gegebenen Antworten passen.

Beispiel: ¿Tiene usted camisas de seda?

No, lo siento. No tenemos camisas de seda.

1. ....

Quiero la talla 42.

2. ....

Cuesta 7.000 pesetas.

3. ....

Es negra y gris.

4. ....

Son 50 pesetas.

5. ....

Por favor, ¿tienen calcetines de algodón?

6. ....

¿Las corbatas? Están al lado de las camisas.

Lektion 7: Die Bar ist dort drüben.

In dieser Lektion geht's um Richtungen und Wegbeschreibungen, Geschäfte, öffentliche Gebäude und um Öffnungszeiten.

Paare

1. Rechts und links

Ordnen Sie die Ausdrücke den Bildern zu.

1. Enfrente.
2. La tercera casa a la derecha.
3. Todo recto.
4. A la izquierda.
5. En el cruce, vaya todo recto.
6. A la derecha.
7. La segunda casa a la izquierda.
8. Al final.

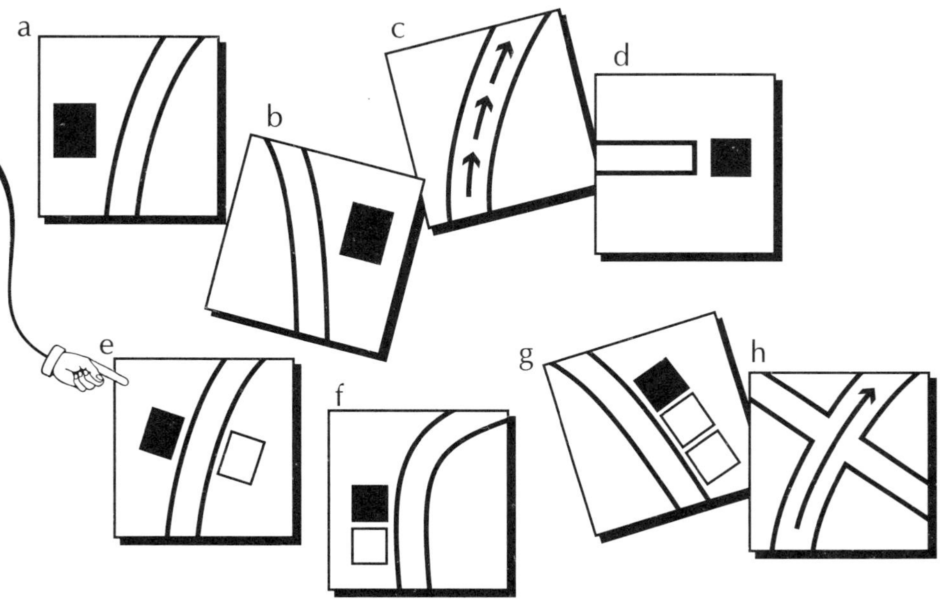

Sprechprobe

2. Nach dem Weg fragen

Emilio ist unterwegs, um sich mit Rosa zu treffen, aber er ist spät dran. Als er die Straße hinunterläuft, spricht ihn eine Touristin an. Ergänzen Sie den Dialog sinnvoll mit dem passenden Wort.

Touristin Perdone...

Emilio Sí, ¿cómo puedo ayudarla?

Touristin El Museo de Pintura está (enfrente/cerca) __________ de aquí?

Emilio Sí, bastante. (¿Ve/conoce) __________ usted el banco en aquella esquina? Tuerza a la izquierda (aquí/allí) __________ - es la Calle Panaderos. Pase por (encima/debajo) __________ del puente que cruza el río, y luego siga todo recto por la Calle Panaderos hasta una gran iglesia (en/a) __________ la derecha.

	Tuerza a la derecha allí, y el Museo de Pintura (está/es) __________ a la derecha. Hay un gran letrero (detrás/delante) __________ del museo. Es muy fácil.
Touristin	Perdone... ¿Tuerzo a la izquierda (o/y) __________ a la derecha delante del banco? Y ¿dónde está el río? Lo siento. No entiendo.
Emilio	Vale. Venga (conmigo/con mí) __________ . (Emilio la acompaña). Aquí está el banco. Tuerza a la izquierda aquí. Ahora, aquí está el río. A propósito, ¿de (cuándo/dónde) __________ es usted?
Touristin	Soy del Japón. (ve a Rosa al otro lado de la calle). Perdone, aquella mujer....¿es su amiga?
Rosa	¡Hola!
Emilio	¡Rosa! Es Rosa, mi novia. Eh, ¡hola!
Rosa	Hola, Emilio. Y ¿(Quién/qué) __________ es esto? ¿Tu nueva novia? El bar no está por aquí - está por allí.
Emilio	Sí, lo sé, pero ...
Rosa	Vale. Tú vas por allí - con tu nueva amiga. ¡Adiós!

Wortschatz-training

3. Zahlen

Füllen Sie die Kästchen mit den passenden Ordnungszahlen (*primero, segundo* etc.).

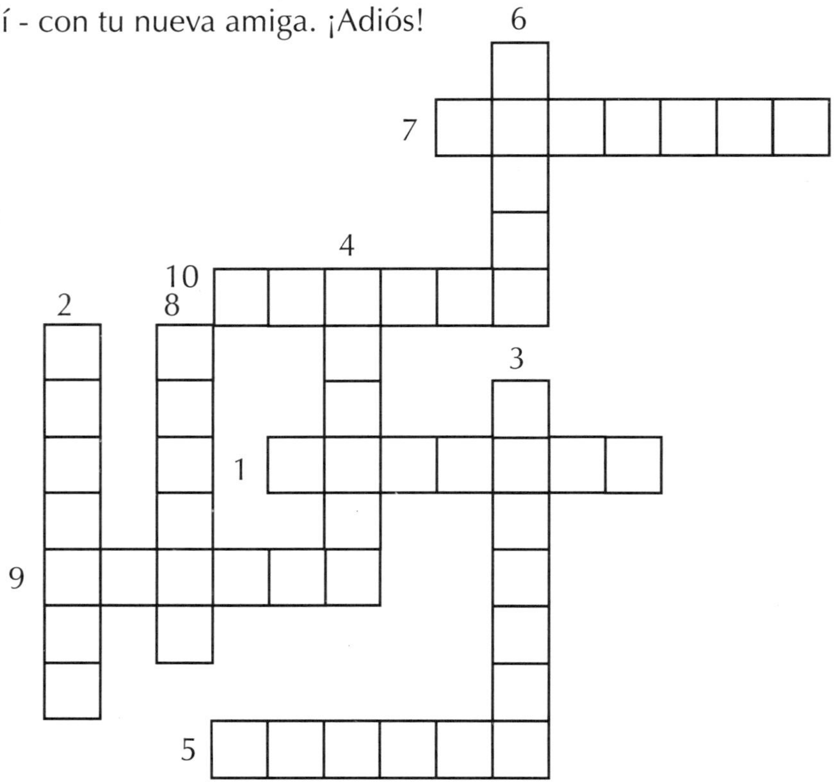

4. Wo macht man was?

Wählen Sie die sinnvollste Ergänzung aus.

1. Lees libros en ....
2. Compras sellos en ....
3. Nadas en ....
4. Cambias dinero en ....

la piscina
el restaurante
Correos
el supermercado
la biblioteca **el bar**
el banco
la carnicería

5. Compras provisiones en ....

6. Compras carne en ....

7. Comes en ....

8. Tomas algo de beber en ....

Grammatik im Visier

5. Das richtige Wort

Füllen Sie die Lücken mit *a* oder *en*.

1. La sección de niños está ____________ la tercera planta.
2. Siga todo recto hasta llegar ____________ la cabina telefónica.
3. ____________ la iglesia, tuerza a la izquierda.
4. Nuestra casa es la segunda ____________ la derecha.
5. ____________ qué planta está la oficina de Emilio?
6. Emilio no está ____________ su oficina.
7. Generalmente llega ____________ las 9.00.
8. A las 8.00 todavía está ____________ casa.

6. Wo ist was?

Bringen Sie die Wörter in die richtige Reihenfolge.

1. recto cruce siga el en todo

....

2. derecha museo la a tuerza del delante

....

3. calle la tome a izquierda segunda la

....

4. hasta calle de vaya final el la

....

5. plaza cruce museo la el y está Vd de delante

....

Leseecke

7. Wo ist die Party?

Cristina Ramírez hat ein paar Leute von Vacasa Internacional zu ihrer Party eingeladen. Lesen Sie die Wegbeschreibung zu ihrer Wohnung, und markieren Sie sie auf der Karte rechts.

Tuerza a la izquierda al cruce, luego siga la carretera hasta Pozoblanco. Tome la segunda a la derecha, la Calle del Bosque. Siga todo recto, cruce el puente del río, hasta la cabina telefónica a la izquierda. Aquí tuerza a la izquierda, y nuestra casa es la segunda a la derecha.

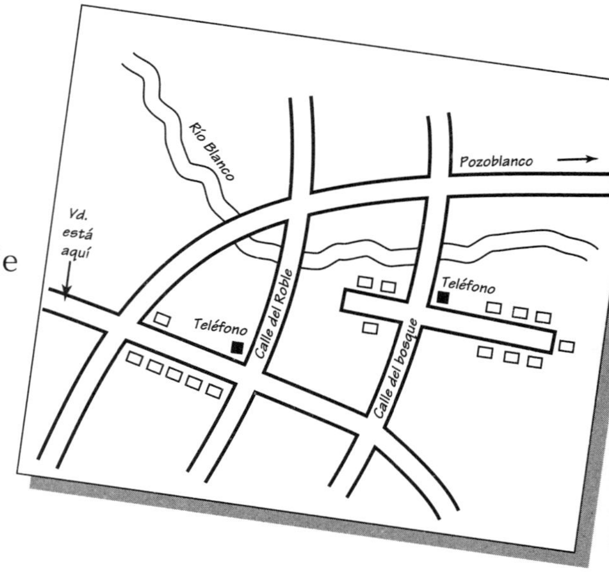

Schreibprobe

8. Wann haben Sie geöffnet?

Schreiben Sie, wie im Beispiel, Fragen und Antworten zu den Öffnungszeiten der verschieden Lokalitäten.

Beispiel:

PISCINA ABIERTA
martes–viernes: 9.00–22.00
sábado–domingo: 10.00–21.30
cerrada los lunes

Q. ¿Cuándo está abierta la piscina?

A. Está abierta desde las nueve de la mañana hasta las diez de la noche los días laborales, y desde las diez hasta las nueve y media los sábados y domingos. Está cerrada los lunes.

BIBLIOTECA PÚBLICA
DE LUNES A VIERNES 10:00-20:00
SÁBADO 10:00-13:00
DOMINGO CERRADA

1. Q. ....
   A. ....
   ....

CORREOS

L	9.00	19.30
Ma	9.00	19.30
Mi	9.00	19.30
J	9.00	19.30
V	9.00	19.30
S	9.00	12.30
D	CERRADA	

2. Q. ....
   A. ....
   ....

RESTAURANTE CÁDIZ
abierto 1930 2400
(1930 0030 los sábados)
cerrado martes y domingo

3. Q. ....
   A. ....
   ....

Lektion 8: Wie war's Wochenende?

In dieser Lektion geht's um Wochenendaktivitäten und Ereignisse, die in der Vergangenheit stattgefunden haben, sowie um Fragen, die mit was, wo, wann und wer beginnen.

Paare

1. Wer war's?

Ordnen Sie zu.

1. Emilio y Rosa	( )	a. compré provisiones para la comida
2. Tú	( )	b. vieron a Emilio y Rosa en la ciudad
3. Cristina y yo	( )	c. preparó la cena para Carmen
4. Carmen	( )	d. no se hablaron ayer
5. Ustedes	( )	e. fuimos a una fiesta
6. Yo	( )	f. llegó muy temprano
7. Usted	( )	g. jugaste al tenis el sábado pasado
8. Felipe	( )	h. encontró a Felipe en la calle

Sprechprobe

2. Hattest du ein schönes Wochenende?

Montag Morgen spricht Emilio mit Ana über sein Wochenende. Füllen Sie die Lücken mit den passenden Verbformen.

Ana ¿Cómo (ir) fue tu fin de semana, Emilio?

Emilio Mal. ¡Fatal!

Ana ¿Por qué? ¿Qué (pasar) __________ ?

Emilio Rosa y yo (reñir) __________ el sábado.

Ana Ah, vale. ¿Por qué (reñir) __________ ?

Emilio Ella me (ver) __________ con otra mujer.

Ana ¡Emilio!

Emilio ¡Pero sólo era una turista! Me (preguntar) __________ cómo llegar al Museo de Pintura, y le (decir) __________ cómo ir. No (entender) __________ lo que yo (decir) __________ pues (ir) __________ al Museo con ella. Era japonesa y muy simpática.

Ana Pero ¿no (tener) __________ una cita con Rosa el sábado?

Emilio Sí. Eso (ser) __________ el problema. Yo (llegar) __________ tarde a la cita. Y luego Rosa nos (ver) __________ en la calle del Puente.

Wortschatztraining

3. Überflüssiges

Welches Wort gehört nicht in die Zeile?

1. tenis natación gimnasio baloncesto footing
2. puente restaurante bar Correos biblioteca
3. fui comí jugué encontré voy
4. tiene pone comió está hace
5. qué cómo sólo quién cuándo

4. Das richtige Wort

Vervollständigen Sie die Sätze. Sie finden das jeweils passende Wort unter 1-5 in Übung 3.

1. ¿Fuiste a la piscina ayer? No, no me gusta mucho la __________
2. Fui a __________ para mandar un paquete.
3. __________ al tenis con Felipe ayer.
4. Ayer en el restaurante Juan Carlos no __________ el pescado.
5. ¿ __________ compró Rosa?

Grammatik im Visier

5. Plurale

Füllen Sie die zweite Spalte mit dem entsprechenden Plural.

Singular	Plural
yo	nosotros
usted	
niño joven	
este hombre	
mujer bonita	
coche japonés	
profesora inglesa	
ciudad española	
avión rápido	
lápiz gris	

6. *Era* oder *estaba*?

Füllen Sie die Lücken.

1. Estos zapatos __________ muy caros.
2. ¿Quién __________ allí?
3. El nombre de mi jefe __________ Juan Arroyo.
4. ¿Dónde __________ el restaurante?
5. Y, ¿cómo __________ ?
6. ¿Quién __________ tu jefe entonces?

7. Fragen

Vervollständigen Sie die Fragen zu den Antworten.

Beispiel: ¿A qué hora fueron ustedes/fuisteis al bar?
Fuimos al bar a las 7.30.

1. ¿A dónde __________ ayer? Fui al centro ayer.
2. ¿Cuándo __________ a Rosa? La vi el domingo.
3. ¿Qué __________ en el restaurante? Juan Carlos comió carne.
4. ¿Cuántas __________ en la sección de señoras? Compré tres faldas.
5. ¿A dónde __________ de compras? Las chicas fueron de compras al centro.
6. ¿A qué hora __________ el domingo? Emilio se levantó a las 10.00.

Leseecke

8. Rosas Tagebuch

Rosa schreibt jeden Abend Tagebuch. Lesen Sie, und dann beantworten Sie die Fragen auf der nächsten Seite.

Sábado

Me enfadé mucho hoy. Tuve una cita con
Emilio, y llegué un poco tarde. Luego le vi
en la calle del Puente. Con una mujer. No la
conocía. Era muy bonita. Ella me vio, y
luego me vio Emilio. Pero sólo me miró. No
dijo nada. ¿Quién era la mujer? ¿Era su
nueva novia? Me enfadé, y volví a casa.
Llamé a mamá y le conté la historia. No se
sorprendió. Luego Emilio llamó, y tuvimos
una riña enorme. Ya no me gusta. Se lo dije
- se sorprendió un poco. ¡¡¡Adiós, Emilio!!!

Beispiel: ¿Con quién tuvo cita Rosa? *Tuvo cita con Emilio.*

1. ¿Dónde vio Rosa a Emilio? ____________________
2. ¿Con quién estaba? ____________________
3. ¿Vieron a Rosa Emilio y la mujer? ____________________
4. ¿A dónde fue Rosa? ____________________
5. ¿A quién llamó Rosa? ____________________
6. ¿Quién llamó a Rosa? ____________________

Schreibprobe

9. Was hat jeder gemacht?

Im Folgenden haben sich verschiedene Leute Zettel geschrieben, damit sie ihre Verabredungen nicht vergessen. Schreiben Sie Fragen und Antworten darüber, was jeder gemacht hat, so wie im Beispiel.

Beispiel:

F: *¿Qué hizo Cristina el domingo por la mañana?*

A: *Jugó al tenis.*

1. **F:** ____________________
   A: ____________________
2. **F:** ____________________
   A: ____________________
3. **F:** ____________________
   A: ____________________
4. **F:** ____________________
   A: ____________________
5. **F:** ____________________
   A: ____________________

Lektion 9: Wir waren zelten.

In dieser Übung geht es weiterhin um Vergangenheitsformen, aber auch um Urlaub, Verkehrsmittel und Jahreszahlen.

Paare

1. Wo haben Sie Urlaub gemacht?

Ordnen Sie zu.

1. ¿Le gustó Puerto Rico?
2. ¿A dónde fuisteis de vacaciones?
3. ¿Hizo camping tu hermana el año pasado?
4. ¿Tus padres viajaron en tren?
5. ¿Hicieron ustedes esquí en enero?
6. ¿Fuiste de vacaciones con tu novio?
7. ¿Estaba el hotel cerca del mar?
8. ¿Alquilaron ustedes un coche?

( ) a. No, fuimos a las montañas en marzo.
( ) b. No, fueron en avión.
( ) c. No, fui con mis padres.
( ) d. Sí, pero preferí Guatemala.
( ) e. No, ¡bicicletas!
( ) f. A dos minutos.
( ) g. A Venezuela.
( ) h. Sí, fue a los Estados Unidos con su tienda.

Sprechprobe

2. Hotel oder Zelt?

Emilio und Simón haben sich in einer Bar verabredet. Während Emilio auf seinen Freund wartet, sieht er sich ein paar Reisebroschüren an. Endlich kommt Simón. Vervollständigen Sie den Dialog mit den jeweils passenden Verbformen.

Simón ¿Qué tienes ahí? ¿Folletos turísticos?

Emilio Sí, para mis vacaciones de verano. El año pasado (ir) __________ a Turquía, y me (divertir) __________ muchísimo.

Simón ¿Dónde te (alojar) __________ ? ¿En un hotel?

Emilio Sí, (ser) __________ un hotel grande, cerca de la playa, con piscina y un restaurante estupendo, y una discoteca todas las noches.

Simón ¡No me (gustar) __________ nada esos grandes hoteles!

Emilio	¿Verdad? ¿Por qué? Yo (divertirse) ---------- mucho allí. (Comer) ---------- mucha buena comida, (beber) ---------- mucho buen vino y cerveza, (bailar) ----------, y ¡(encontrar) ---------- a muchas mujeres bonitas! ¿A dónde fuiste tú el año pasado?
Simón	El año pasado no tenía mucho dinero, pues (hacer) ---------- camping con unos amigos. Lo (pasar) ---------- estupendamente.
Emilio	¿El camping? ¡Puaj! ¿No hizo frío? No llovió?
Simón	No, de ninguna manera. (Hacer) ---------- buen tiempo y nosotros (dar) ---------- paseos, (nadar) ---------- , (visitar) ---------- muchos sitios interesantes.
Emilio	¿(Preparar) ---------- las comidas?
Simón	A veces (cocinar) ---------- y a veces (comer) ---------- en bares o restaurantes baratos. Y nosotros también (encontrar) ---------- a muchas mujeres bonitas.
Emilio	¡No te creo!

Wortschatztraining

3. Lange Jahre

Schreiben Sie die Jahreszahlen wie im Beispiel aus.

Beispiel: 1979 mil novecientos setenta y nueve.

1. 1985 ------------------------------
2. 1960 ------------------------------
3. 1881 ------------------------------
4. 1995 ------------------------------
5. 1700 ------------------------------
6. 1978 ------------------------------
7. 1990 ------------------------------
8. 2001 ------------------------------

4. Wie seid ihr gereist?

Die Verkehrsmittel finden Sie, wenn Sie die Buchstaben in die richtige Reihenfolge bringen.

Beispiel: rent tren

1. tilicabce ....
2. toasúbu ....
3. checo ....
4. nóvia ....
5. axit ....
6. colitomatce ....
7. rotauca ....
8. lacobla ....

Grammatik im Visier

5. Presente y pretérito

Ergänzen Sie die Tabelle mit den korrekten Gegenwarts- und Vergangenheitsformen.

	Presente	Pretérito
yo	voy	fui
tú	comes	
Emilio	nada	
usted	bebe	
nosotros	vivimos	
tú y Ana	veis	
los niños	tienen	
ustedes	llegan	

	Presente	Pretérito
yo	vengo	vine
tú		fuiste
Emilio		escribió
usted		salió
nosotros		estuvimos
tú y Ana		bailasteis
los niños		dijeron
ustedes		hicieron

6. Negative

Ordnen Sie Fragen und Antworten einander zu.

1. ¿Simón todavía hace camping?
2. ¿Quién habló con Rosa en la calle?
3. ¿Dónde vio Emilio a Rosa?
4. Emilio y Rosa fueron al restaurante?
5. Yo no voy al restaurante. ¿Y tú?
6. ¿Qué te dijo Rosa?
7. ¿Le gustan los cigarrillos?

( ) a. No me dijo nada.
( ) b. No, nunca fumo.
( ) c. Yo no voy tampoco.
( ) d. No. Ya no le gusta.
( ) e. Nadie.
( ) f. No. Ni él ni ella fue.
( ) g. En ninguna parte.

Leseecke

7. Alles über Cristina Ramírez

Lesen Sie den Text. Dann schreiben Sie die passenden Fragen zu den Antworten.

Cristina Ramírez nació en Argentina en 1944. Su madre fue profesora y su padre fue ingeniero. La familia vino a España in 1954, cuando Cristina tenía diez años. Vivieron en Madrid.

Cristina fue a la universidad de Salamanca. Estudió economía política. Fue buena estudiante, y le gustó mucho la universidad. También le gustó viajar, y viajó por Europa, Africa e India en autobús y tren. Después de la universidad, se trasladó a Pontevedra, donde conoció a su marido, Felipe. Se casaron en 1969.

1. ______________________ En mil novecientos cuarenta y cuatro.
2. ______________________ En mil novecientos cincuenta y cuatro.
3. ______________________ En Madrid.
4. ______________________ En Salamanca.
5. ______________________ Economía política.
6. ______________________ En mil novecientos sesenta y nueve.

Schreibprobe

8. Checkliste

Cristina und ihre Familie fahren am Wochenende zum Camping. Cristina hat sich schon eine Liste mit Sachen aufgeschrieben, die sie heute noch erledigen muss. Bilden Sie Fragen in der Vergangenheit.

Beispiel: comprobar aceite y agua del coche. ¿Comprobó el aceite y agua del coche?

1. telefonear al camping ______________________
2. comprar provisiones ______________________
3. lavar el coche ______________________
4. ir al banco ______________________
5. limpiar las botas para caminar ______________________
6. comprobar la tienda ______________________

Lektion 10: Was möchten Sie bestellen?

In dieser Lektion üben Sie, wie man Lebensmittel einkauft und wie man im Restaurant bestellt. Außerdem: Maße, Gewichte und Mengenangaben.

Paare

1. Im Restaurant

Ordnen Sie zu.

1. ¿Quiere usted beber algo?	( )	a. Blanco, por favor.
2. ¿Ensalada o legumbres?	( )	b. No, prefiero un refresco.
3. ¿Quiere Vd café?	( )	c. Para mí, un flan.
4. ¿Vino tinto o blanco?	( )	d. No. Soy vegetariana.
5. ¿Y de postre?	( )	e. Ensalada.
6. ¿Tienes hambre?	( )	f. Sí, yo tomo un vino tinto.
7. ¿Come Vd carne?	( )	g. Sí, bastante.

Sprechprobe

2. *¿Qué vas a tomar?*

Rosa ist immer noch sauer auf Emilio, aber ein paar Tage später lässt sie sich zu einer Einladung zum Mittagessen überreden. Bringen Sie die Sätze in die richtige Reihenfolge.

1. **Rosa** Sí, vale. Un bocadillo de jamón. Y un café.
2. **Rosa** Probé su sopa de tomate la semana pasada. Fue asquerosa.
3. **Rosa** No sé. No tengo mucha hambre.
4. **Rosa** Y me gustaría un bocadillo de jamón.
5. **Emilio** Patatas fritas, por favor.
6. **Emilio** ¿Ah? Pues, ¿quieres un bocadillo?
7. **Emilio** Me gustaría una tortilla de queso.
8. **Emilio** ¿Quieres sopa? Aquí la sopa de tomate está muy buena.

9. **Emilio** ¿Qué quieres tomar?
10. **Emilio** Un café y una naranja.
11. **Camarero** ¿Con ensalada o patatas fritas?
12. **Camarero** ¿Qué van ustedes a tomar?
13. **Camarero** Una tortilla de queso con patatas fritas, y un bocadillo de jamón. ¿Y para beber?

Emilio ¿Qué quieres tomar?

Rosa ....

Emilio ....

Rosa ....

Emilio ....

Rosa ....

Camarero ....

....

....

....

....

....

Wortschatztraining

3. Obst, Gemüse oder Fleisch?

Schreiben Sie die passenden Wörter in die entsprechende Box.

pollo lechuga manzana cordero plátano bistec patata jamón guisantes limón judías zanahorias cerdo cebolla salchichas naranja fresa chorizo

Obst	Gemüse	Fleisch

4. Einkaufszettel

Finden Sie die jeweils sinnvollste Ergänzung auf Cristinas Liste.

1. vino	( )	a. desnatada
2. agua	( )	b. de York
3. leche	( )	c. tinto
4. yogur	( )	d. descafeinado
5. café	( )	e. mineral
6. jamón	( )	f. fritas
7. pan	( )	g. natural
8. patatas	( )	h. integral

Grammatik im Visier

5. Bitte!

Setzen Sie die passenden Befehlsformen ein.

1. __________ Vd esa blusa azul, por favor. Quiero verla de cerca.
2. __________Vd las patatas en mi bolsa, por favor.
3. __________ Vd medio kilo de tomates, por favor.
4. Dos mil pesetas, __________ Vd.
5. Camarero, __________ Vd dos cervezas, por favor.
6. __________Vds un momentito. El museo se abre muy pronto.

deme
enséñeme
tome
tráiganos
ponga
esperen

6. *¿A cuánto están hoy?*

Schreiben Sie ganze Sätze.

Beispiel: patatas 12 pesetas kilo — Las patatas están a 12 pesetas el kilo.

1. cerveza 150 pesetas botella ....
2. mantequilla 175 pesetas paquete ....
3. bombones 750 pesetas caja ....
4. pan 30 pesetas barra ....
5. alubias 70 pesetas lata ....
6. puré de tomate 95 pesetas tubo ....
7. agua mineral 60 pesetas litro ....
8. zanahorias 35 pesetas medio kilo ....

Leseecke

7. Cristinas Brief

Cristina schreibt ihrer Mutter und erzählt ihr von dem Streit, den sie gestern mit Felipe hatte. Bilden Sie Fragen mit den angegebenen Wörtern, und geben Sie dann kurze Antworten.

Felipe y yo reñimos ayer - sobre la comida. ¡Él, come, come, come! Y nunca hace ejercicio. ¡Es muy grande! Siempre come huevos y salchichas y tostadas para el desayuno, y suele tomar una hamburguesa o una pizza para el almuerzo. Yo le compro yogur y fruta y leche, y luego abro el frigorífico, y ¿qué veo? - cerveza, y más hamburguesas y más pizzas! Le gusta el tenis, la natación y el fútbol, pero sólo por televisión. Y el año que viene ¡cumple cincuenta años! ¿Qué hacer?

1. ¿ayer/riñeron/quiénes?

   ....

2. ¿Felipe/ejercicio/hace?

   ....

3. ¿desayuno/mucho/come?

   ....

4. ¿cerveza/hamburguesas/compra/y/quién?

   ....

5. ¿tenis/a menudo/jugar/suele/al?

   ....

6. ¿cincuenta/tiene/cuándo/años?

   ....

Schreibprobe

8. Frühstück und Mittagessen

Was essen Emilio, Rosa und Felipe gern? Bilden Sie Sätze.

	Desayuno	**Cena**
Emilio	huevo, tostada, café o té	sopa o tortilla
Rosa	jugo de naranja, yogur, tostada	bocadillo
Felipe	huevos, salchichas, tostada, café o té	hamburguesa o pizza

Beispiel: Emilio toma un huevo, unas tostadas y café o té para el desayuno. Para el almuerzo toma sopa o una tortilla.

1. Rosa ....

   ....

2. Felipe ....

   ....

Lektion 11: Wissen Sie, wie man...?

In dieser Lektion geht es darum, was man kann bzw. nicht kann und um Jobs. Außerdem üben Sie, wie man etwas begründet unter Benutzung von *¿por qué?* und *porque*.

Paare

1. Verben

Ordnen Sie zu.

1. conducir	( )	a. a bicicleta
2. hablar	( )	b. una tortilla
3. utilizar	( )	c. al fútbol
4. tocar	( )	d. un autocar
5. hacer	( )	e. una canción
6. montar	( )	f. una carta
7. cantar	( )	g. inglés y francés
8. escribir	( )	h. la guitarra
9. jugar	( )	i. un procesador de textos

Sprechprobe

2. Sí, claro.

Rosa will weg aus Pontevedra. Deshalb hat sie sich bei einem Reiseveranstalter um einen Job beworben. Vervollständigen Sie die Sätze mit der passenden Verbform.

conducir empezar enseñar montar conducir hablar
vivir conducir escribir a máquina utilizar hablar

Rosa	Sé _________ , y también sé _________ un procesador de textos.
La Sra Jiménez	Eso no es tan importante. Tenemos muchas secretarias. ¿Sabe usted _________ algún idioma extranjero?
Rosa	Sí, sé _________ inglés y francés, y un poco de alemán.
La Sra Jiménez	Bien. Y ¿sabe Vd escribirlos también?
Rosa	Sí, claro.
La Sra Jiménez	¿Y sabe Vd _________ ? ¿Sabe Vd _________ un autocar?
Rosa	¿Un autocar? No, eso no lo sé conducir. Sé _________ un coche, sé _________ a bicicleta y a caballo, pero - un autocar, ¡no, lo siento!

La Sra Jiménez	No se preocupe - podemos __________ le. ¿Le gusta el sol?
Rosa	Sí. Nací en Méjico. ¡Me encanta __________ en un clima caluroso.
La Sra Jiménez	Estupendo. Entonces, le podemos ofrecer un puesto de trabajo.
Rosa	¿Cómo secretaria?
La Sra Jiménez	No, como guía de turismo. ¿Cómo le parece un puesto como guía de un viaje a Méjico?
Rosa	¡Fantástico! ¡Me gustaría mucho!
La Sra Jiménez	Bien. Una pregunta más: ¿puede Vd __________ mañana?

W

Wortschatztraining

3. Jobs

Bilden Sie sinnvolle Fragen zu den Antworten.

cocinar escribir a máquina conducir hablar francés tocar el piano cantar

¿Sabe Vd tocar el piano? .... Sí, claro, soy pianista.

1. .... Sí, claro, soy profesor de francés.
2. .... Sí, claro, soy secretaria.
3. .... Sí, claro, soy cocinero.
4. .... Sí, claro, soy conductor de autobús.
5. .... Sí, claro, soy cantante de ópera.

4. Mehr Jobs

Welche Jobs verbergen sich in dieser *sopa de letras*?

O	M	E	N	F	E	R	M	E	R	A
P	E	R	I	O	D	I	S	T	A	L
I	D	I	N	G	E	N	I	E	R	O
L	I	D	E	C	N	V	I	P	R	U
O	C	E	G	A	T	O	D	I	J	B
T	O	L	D	M	I	C	A	N	G	O
O	L	E	X	A	S	I	C	T	A	M
C	E	C	A	R	T	E	R	O	R	B
T	O	R	L	E	A	D	O	R	L	E
A	G	U	A	R	D	I	A	T	A	R
B	E	L	C	O	C	I	N	E	R	O

Grammatik im Visier

5. Wer oder was?

Bilden Sie Fragen zu den Antworten unter Verwendung der Fragewörter in der Box.

¿Cómo?	**¿Quién?**	**¿Cuándo?**	**¿A dónde?**	**¿Dónde?**	**¿Por qué?**

1. ....
Rosa va a Méjico.
2. ....
Va el martes que viene.
3. ....
Porque ahora trabaja como guía de turismo.
4. ....
Se aloja en un hotel.
5. ....
Es muy grande.
6. ....
Nadie va con ella.

6. Verbindungen mit *porque*

Ergänzen Sie die Sätze mit den passenden Begründungen.

1. Lo siento. No puedo jugar al tenis mañana porque estoy ocupada
2. No puedo comprar un coche nuevo porque ....
3. Emilio no pudo ir a la fiesta porque ....
4. No fuimos a la piscina porque ....
5. Yo no pude hacer una tortilla porque ....
6. No puedo hacer camping porque ....
7. Rosa no pudo comer su almuerzo porque ....
8. Pedro no fue al museo porque ....

a. estaba enfermo	b. no tengo tienda	c. no tuvo hambre	d. no tengo dinero.
e. estoy ocupada	f. estaba cerrado	g. no tenía huevos	h. hacía frío.

Leseecke

7. Rosas Nachricht

Lesen Sie die Nachricht an Emilio. Dann beantworten Sie die Fragen jeweils beginnend mit *Porque*.

No puedo tomar el almuerzo contigo mañana. Lo siento, pero tengo un nuev trabajo. En efecto, no puedo verte est semana ni la semana que viene. Estoy muy, muy ocupada. Te llamé anoche, pero no estabas en casa. ¿Estabas en el bar? ¿O con esa turista extranjera? Ya no importa. Ya no me gusta Pontevedra. Hace frío y siempre llueve. La semana que viene - ¡Méjico! ¡Me encanta Méjico! ¡Hace muchísimo calor! Pues, ¡adiós Pontevedra, adiós Emilio!

1. ¿Por qué no puede tomar el almuerzo con Emilio mañana?
2. ¿Por qué no puede verle la semana que viene?
3. ¿Por qué no le dijo sus noticias anoche?
4. ¿Por qué ya no le gusta tanto Pontevedra?

Schreibprobe

8. Wie gut ist jeder?

Bilden Sie Fragen und Antworten, so wie im Beispiel.

	jugar al tenis	hablar inglés	esquiar
Cristina	no muy bien		sí, un poco
Felipe		sí, muy bien	
Juan Carlos	sí, muy bien	no	en absoluto
Linda		sí, un poco	en absoluto

Beispiel: Cristina/jugar al tenis
¿Sabe Cristina jugar al tenis? No, no sabe jugar muy bien.

1. Felipe/hablar inglés
2. Juan Carlos/hablar inglés
3. Cristina/esquiar
4. Juan Carlos y Linda/esquiar
5. Juan Carlos/tenis
6. Linda/hablar inglés

Lektion 12: Wiederholung

In dieser Lektion können Sie das Gelernte der ersten 11 Lektionen überprüfen.

1. Paare

Ordnen Sie bedeutungsgleiche Sätze einander zu.

1. Estoy casada.	( )	a. ¿Tienes hambre?
2. Soy vegetariana.	( )	b. Fuimos a un restaurante ayer.
3. Vivo en Pontevedra.	( )	c. Es difícil esquiar.
4. ¿Quieres comer?	( )	d. ¿Le hablaste ayer por la noche?
5. No es fácil esquiar.	( )	e. No como carne.
6. Todos salimos a cenar ayer.	( )	f. Tienen un hijo y una hija.
7. Tienen dos niños.	( )	g. No estoy soltera.
8. ¿Le llamaste anoche?	( )	h. Mi dirección es calle del Olmo, 10, Pontevedra.

2. A, b oder c?

Wählen Sie die sinnvollste Antwort.

1. Encantado de conocerle.
   - a. Muy bien, gracias.
   - b. Mucho gusto.
   - c. Gracias.

2. ¿Quiere tomar algo de beber?
   - a. No, gracias.
   - b. Prefiero algo de beber.
   - c. Quisiera un bocadillo.

3. ¿Hay tiendas cerca de su oficina?
   - a. No es verdad.
   - b. Sí, hay algunas, pero no muchas.
   - c. Sí, están cerca.

4. ¿Te gusta tu nueva jefa?
   - a. Sí, me quiere mucho.
   - b. Sí, me gustan bastante.
   - c. Sí, me parece bastante bien.

5. ¿Cuánto es aquella camisa azul?
   - a. No, es una camisa verde.
   - b. Vale tres mil pesetas.
   - c. Hay tres camisas.

6. ¿Correos está lejos de aquí?
   - a. No, está bastante lejos.
   - b. Está a la izquierda.
   - c. No, está bastante cerca.

3. Zahlen

Schreiben Sie die Zahlen aus.

1. 1°	....	5. 10.500	....
2. 450 pts	....	6. 3°	....
3. 16	....	7. 1997	....
4. 60	....	8. 775 pts	....

4. Gegensätze

Wie lautet das jeweilige Gegenteil?

1. calor	....	7. lejos	....
2. siempre	....	8. tío	....
3. malo	....	9. ¡hola!	....
4. negro	....	10. soltero	....
5. cerrado	....	11. hombres	....
6. difícil	....	12. verano	....

5. Fragen

Bilden Sie Fragen zu den Antworten.

1. ....

   Cuestan 100 pts el kilo.

2. ....

   La compré ayer.

3. ....

   Se cierra a las 19.30.

4. ....

   Roja.

5. ....

   Tiene 10 años.

6. ....

   Sí. Tengo dos hijos y una hija.

6. *Pretérito indefinido*

Bilden Sie die passende Vergangenheitsform.

1. yo tengo ....
2. tú haces ....
3. nosotros hablamos ....
4. Pedro dice ....
5. yo nado ....
6. ellos vienen ....
7. Vd va ....
8. Vds esperan ....
9. vosotros bebéis ....
10. Cristina conduce ....

7. Negative

Bilden Sie Negativsätze.

Beispiel: Escribí una carta a mi madre. No escribí una carta a mi madre.

1. Fuimos de compras ayer. ....
2. La casa tiene jardín. ....
3. Le gusta mucho su nuevo trabajo. ....
4. Compré unas manzanas esta mañana. ....
5. Siempre se levanta a las siete. ....
6. Hicieron camping el año pasado. ....

8. Vermischte Wörter

Bilden Sie sinnvolle Sätze, indem Sie die Wörter in die richtige Reihenfolge bringen.

1. número ? zapatos ¿ quiere qué de

....

2. sección tercera de la ? la caballeros en ¿ está planta

....

3. derecha nuestra a casa es segunda la la

....

4. y familia hotel un alojaron Cristina su se en

....

5. queso frigorífico ? en hay ¿ el

....

6. tenis porque puedo estoy al no jugar ocupado

....

9. Was stimmt hier nicht?

In jedem Satz hat sich ein Fehler versteckt. Korrigieren Sie ihn.

Beispiel: Fui allí el semana pasada. Fui allí la semana pasada.

1. La biblioteca es cerrada los domingos. ....
2. Pedro no tengo hijos. ....
3. Generalmente yo jugo al tenis los sábados. ....
4. Todos fuimos en Barcelona en el tren. ....
5. Mi hermana y mí hicimos camping en Francia. ....
6. Perdone, eso no está jugo de naranja. ....

10. Einkaufszettel

Sie erhalten Cristinas Einkaufszettel, wenn Sie die entsprechenden Äquivalente zu den zehn Sätzen in die Kästchen eintragen. Die fettgedruckten Kästchen senkrecht gelesen bezeichnen ein Gemüse.

1. Se pone en una paella.
2. Bebes esto en esto.
3. Son pequeños y verdes.
4. Ha vivido en el mar.
5. Puede estar desnatada.
6. Te hacen llorar.
7. La necesitas para hacer pan.
8. Estarás borracho si bebes mucho.
9. Puedes comerlas fritas.
10. Son largas y están hechas de carne y otras cosas.
11. (vertical) ¿Qué más compró?

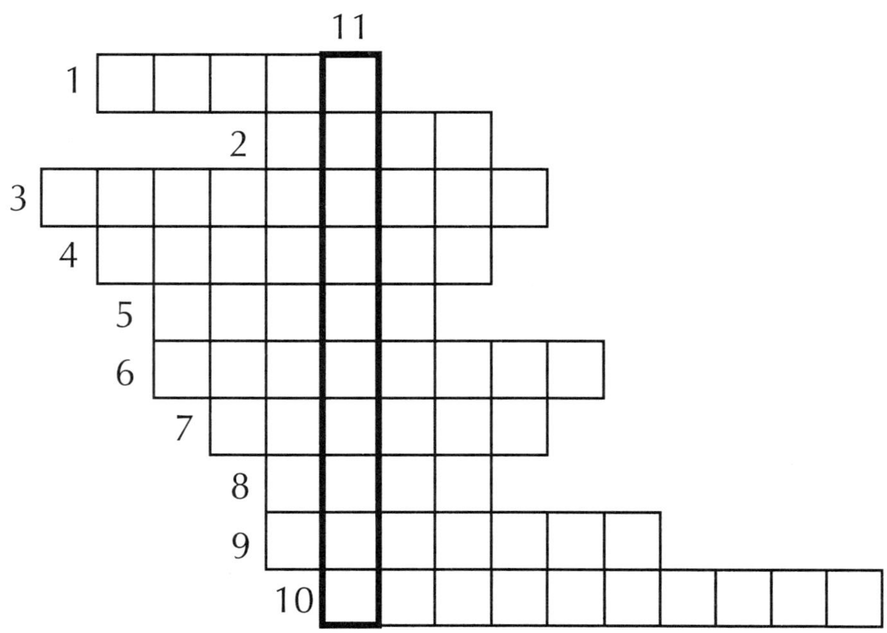

Lektion 13: Wie sieht sie aus?

In dieser Lektion üben Sie, wie man Leute beschreibt. Auserdem geht's darum, wie man Dinge miteinander vergleicht.

Paare

1. Wer fühlt sich wie?

Welches Adjektiv passt zu wem?

1. alto
2. gordo
3. moreno
4. rubia
5. fuerte
6. vieja
7. contento
8. delgada

a

b

c

d

f

g

h

e

Sprechprobe

2. Wie sieht er aus?

Lesen Sie den Dialog. Dann entscheiden Sie, ob die anschließenden Aussagen richtig oder falsch sind.

Felipe Vi a ese nuevo reportero en el bar anoche. Estaba un poco borracho.

Cristina ¿De verdad? ¿Quién es?

Felipe No sé cómo se llama. Le vi en la fiesta de tu oficina la semana pasada.

Cristina ¿Cómo es?

Felipe Alto y delgado. Tiene el pelo largo y moreno. Tiene unos 30 años.

Cristina Es Emilio Torres. Tiene la nariz grande, pero es bastante atractivo. ¿Es él?

Felipe Sí, ése es. Anoche no estaba muy contento. Y bebió demasiado.

Cristina Es porque su novia tiene un nuevo trabajo. Ayer fue a Méjico como guía de turismo.

Felipe ¿Aquella joven bonita? ¿Con el pelo corto? ¿Siempre lleva pendientes grandes?
Cristina Sí. Es ella. ¿Por qué? ¿La conoces?

1. Emilio estaba en el bar anoche. *Verdad/mentira*
2. Felipe estaba en la fiesta de la oficina anoche. *Verdad/mentira*
3. Emilio tiene el pelo moreno. *Verdad/mentira*
4. Emilio es gordo. *Verdad/mentira*
5. Emilio bebió mucho anoche porque estaba contento. *Verdad/mentira*
6. A la novia de Emilio le gustan los pendientes grandes. *Verdad/mentira*

Wortschatztraining

3. Gegenteile

1. triste ....
2. joven ....
3. barato ....
4. largo ....
5. rubio
6. alto ....
7. grande ....
8. pesado ....

....

4. Körperteile

Finden Sie die passenden Wörter.

Grammatik im Visier

5. Komparative

Bilden Sie sinnvolle Vergleichssätze.

Beispiel: Emilio/alto/Cristina: Emilio es más alto que Cristina.

1. Felipe/gordo/Emilio

2. Rosa/joven/Emilio

3. Madrid/grande/Salamanca

4. El español/fácil/el japonés

5. Cristina/bonita/Rosa

6. Esta falda/buena/aquélla

6. Superlative

Bilden Sie sinnvolle Sätze mit dem Superlativ.

Beispiel: Emilio/hombre/atractivo/oficina:
Emilio es el hombre más atractivo de la oficina.

1. Emilio/periodista/listo/compañía

2. Linda/chica/delgada/su clase

3. Sevilla/ciudad/calurosa/España

4. Esta camisa/bonita/tienda

5. Estos zapatos/caros/la zapatería

Leseecke

7. Eine Verabredung

Pepe hat für seinen Freund Emilio ein Rendezvous mit einer Freundin, Juana, arrangiert. Rechts sehen Sie eine Nachricht, die Emilio an Juana geschrieben hat, wo und wann sie sich treffen werden. Füllen Sie die Lücken.

largo ojos más tengo misma alto llevo

¡Hola! ¿Podemos vernos el viernes? ¿Qué te parece el bar Las Campanas, a las 7.30? Tengo la .... altura que Pepe, ¡pero soy .... atractivo! También soy más .... que él. Tengo el pelo .... y negro, y los .... castaños. Siempre .... vaqueros y chaqueta negra de piel. Por desgracia, ¡no .... foto!

Hasta viernes.
Emilio Torres.

Schreibprobe

8. Wer ist der Jüngste?

Beantworten Sie die Fragen in vollständigen Sätzen.

	Esteban	Simón	Susana
Edad	27	34	31
Altura	189cm	184cm	178cm
Peso	74kg	92kg	61kg
Pelo	moreno, largo	moreno, corto	rubio, largo

Beispiel: ¿Quién es el más joven? — Esteban es el más joven.

1. ¿Quién pesa más? ....
2. ¿Quién pesa menos? ....
3. ¿Quién es el mayor? ....
4. ¿Quién es el más alto? ....
5. ¿Quién es más joven que Susana? ....
6. ¿Quién es más bajo que Esteban? ....
7. ¿Quién tiene el pelo más moreno que Susana? ....
8. ¿Quién tiene el pelo más corto? ....

Lektion 14: Was für ein Wetter!

In dieser Lektion geht's um Dinge, die gerade geschehen, ums Wetter und den Gebrauch von *como* bei Begründungen.

Paare

1. Das Wetter

Ordnen Sie zu.

1. Como está nevando hoy	( )	a.	es peligroso ir en bicicleta.
2. Como está lloviendo hoy	( )	b.	no vemos nada del panorama.
3. Como está brillando el sol	( )	c.	llevo mi sombrero y guantes.
4. Como hay niebla hoy	( )	d.	los niños están nadando en el mar.
5. Como hace viento hoy	( )	e.	estoy trabajando en el jardín.
6. Como hace mucho calor hoy	( )	f.	llevo paraguas.

Sprechprobe

2. Alte Bekannte

Während eines Mexiko-Aufenthalts ruft Rosa ihre alten Freunde Pablo und Marisol an. Füllen Sie die Lücken.

visitando limpiando llamando haciendo trabajando viviendo lavando haciendo viviendo escuchando trabajando

Rosa ¡Oiga! ¿Pablo? Soy Rosa, Rosa Enríquez.

Pablo ¡Rosa! ¿Qué tal estás?

Rosa Bien, ¿y tú?

Pablo Estupendo. Pero, ¿dónde estás ahora? ¿Qué estás ________ ? ¿Estás ________ desde España? ¿O estás aquí en Cancún?

Rosa Estoy en Cancún.

Pablo ¿De vacaciones?

Rosa No. Tengo un nuevo trabajo como guía de turismo.

Pablo ¡Estás ________ de guía de turismo en Cancún! ¡Fantástico! ¿Estás ________ en Cancún también?

Rosa No, no estoy __________ en Cancún, sólo estoy __________ Méjico durante diez días con un grupo de turistas. ¿Y tú? ¿Qué estás __________ ?

Pablo En este momento estoy __________ la ropa y __________ la casa. También estoy __________ la radio.

Rosa ¿Dónde está Marisol?

Pablo Marisol está __________ en la oficina hoy. Dime, ¿estás libre esta noche? ¿Quieres cenar con nosotros?

Rosa ¿En vuestra casa? ¿Quién prepara la cena?

Pablo Yo, claro.

Rosa Bien. ¡Me gustaría mucho! ¿A qué hora?

W

Wortschatztraining

3. Überflüssiges

In jeder Zeile steht ein Ausdruck, der nicht passt. Welcher?

1. está nevando está caliente hay niebla está lloviendo hace viento
2. trabajando esquiando nadando bailando patinando
3. siempre generalmente a veces a menudo ahora
4. hoy esta mañana ahora semana esta tarde
5. paraguas guantes sombrero bufanda calcetines
6. periódico libro folleto revista procesador de textos

4. Welches Land?

Ergänzen Sie die Sätze mit einem sinnvollen Partizip. Die Buchstaben in den fettgedruckten Kästchen senkrecht gelesen ergeben ein Land in Südamerika.

1. ¿Quién está __________ esa canción?
2. Están __________ Méjico y Guatemala.
3. Emilio está __________ el coche.
4. Cristina está __________ el periódico.
5. Rosa está __________ desde Méjico.
6. Esteban está __________ de camarero.
7. Felipe está __________ una carta.
8. Hace mucho calor, entonces estamos __________ en el mar.

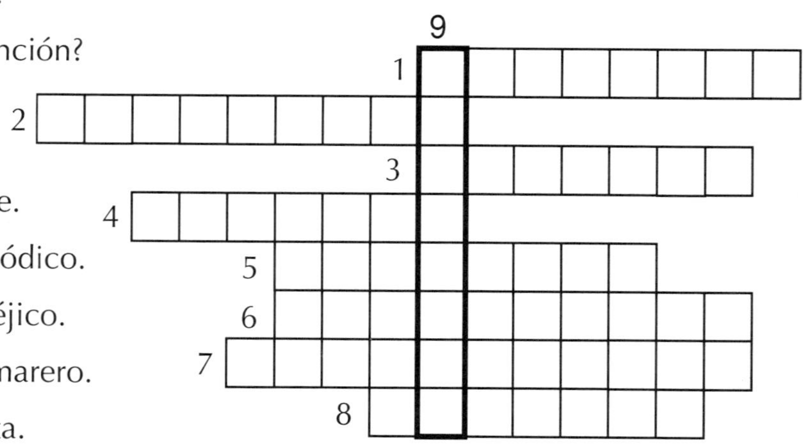

Grammatik im Visier

5. *¿Presente o pretérito perfecto?*

Setzen Sie die passenden Verbformen ein.

1. (ducharse) Generalmente __________ por la mañana, pero esta mañana (bañarse) __________ .
2. (comprar) Generalmente Cristina __________ provisiones en el supermercado, pero hoy las __________ en la tienda de a esquina.
3. (conducir) A menudo Felipe __________ el coche cuando están de vacaciones, pero Cristina lo __________ en la foto.
4. (viajar) Yo casi siempre __________ en tren, pero hoy __________ en avión.
5. (preparar) Por lo general Marisol __________ la cena los domingos, pero hoy Pablo la __________ .
6. (patinar) Esta mañana los niños __________ . __________ todos los sábados por la mañana.

Leseecke

6. Rosas Postkarte

Lesen Sie die Postkarte. Dann schreiben Sie die passenden Fragen zu den Antworten.

¡Hola mamá y papá!
Lo estoy pasando estupendamente. El sol está brillando, estoy sentada al lado de la piscina del hotel, y estoy bebiendo una cerveza fría. Pero hoy es mi único día libre. Hay 35 personas en el grupo, y sólo hay una guía - ¡yo! Entonces, estoy muy ocupada. Ayer llamé a mis viejos amigos Pablo y Marisol - ¿os acordáis de ellos? Ambos están bien, y ahora tienen tres niños. Marisol está trabajando en una empresa de informática, pero Pablo no está trabajando; está buscando trabajo, pero generalmente se queda en casa a cuidar a los niños.

Beispiel: ¿Donde está sentada Rosa? Al lado de la piscina

1. .... Una cerveza fría.
2. .... No. Hoy está libre.
3. .... Treinta y cinco.
4. .... Ayer.
5. .... Tres.
6. .... En una empresa de informática.
7. .... Ahora no.

Schreibprobe

7. Vorlieben und Abneigungen

Bilden Sie Sätze entspechend dem Beispiel.

Beispiel: Juan Carlos y Linda – tenis ✗ – baloncesto ✓

Juan Carlos y Linda no están jugando al tenis, están jugando al baloncesto.

1. Cristina – desayuno ✗ – cena ✓

....

2. Juana – tarjeta postal ✗ – carta ✓

....

3. Emilio y su amigo – vino ✗ – cerveza ✓

....

4. Juan Carlos – como camarero ✗ – como cartero ✓

....

5. Linda – esquiar ✗ – patinar ✓

....

6. Papá – revista ✗ – periódico ✓

....

Lektion 15: Hast du am Sonntag etwas vor?

In dieser Lektion üben Sie die Zukunft, wie man Pläne oder Vorschläge macht und wie man Leute einlädt.

Paare

1. Einladungen

Welche Antworten passen am besten zu den Einladungen?

1. ¿Quisieras ir al teatro sábado por la noche?
2. ¿Estás libre esta tarde?
3. ¿Vamos a ver la película en la tele esta noche?
4. A las 7.30 delante de la estación - ¿vale?
5. ¿Estás ocupado el domingo?
6. Quisiera invitarte a celebrar mi cumpleaños.
7. Lo siento, pero doy clases todo e! día el martes.

( ) a. Sí, voy a jugar al tenis.
( ) b. Estupendo! ¿Qué día es?
( ) c. Pues no importa.
( ) d. ¡Me gustaría mucho! ¿Qué ponen?
( ) e. Buena idea.
( ) f. Bueno. Nos veremos allí.
( ) g. ¿Por qué? ¿Qué pasa?

Sprechprobe

2. Einladung zum Geburtstag

Vervollständigen Sie die Sätze.

Pili Oiga, ¿eres Felipe? Soy Pili. ¿Puedo hablar con Cristina, por favor? ¿Está ahí?

Felipe Hola, Pili. Sí, está. (1) __________ - está en el dormitorio. ¡Cristina! ¡Pili te llama al teléfono! Ya viene, Pili.

Pili Gracias. .....Cristina, ¡hola! (2) __________ . ¿Estás ocupada?

Cristina No, es igual. Estaba arreglando el dormitorio. ¿Qué quieres?

a propósito
no importa
¿vale?
espera un momento
no sé
claro
perdona la molestia
creo que sí

Pili	Bueno, pues, ¿estás libre el martes que viene por la noche?
Cristina	(3) __________ . ¿Qué fecha es?
Pili	El dos, el dos de junio. Es el cumpleaños de Juan y vamos a salir con unos amigos a cenar al nuevo restaurante mejicano. ¿Queréis ir tú y Felipe?
Cristina	(4) __________ . Espera un momento, voy a mirar mi agenda. Sí, estoy libre. Ah, Felipe va a una reunión a Orense aquel día. (5) __________ ¡puedo ir yo!
Pili	Bien.
Cristina	¿Cuándo y dónde nos vemos?
Pili	En nuestra casa, sobre las 8.30.(6) __________ .
Cristina	Vale, muy bien. (7) __________ , ¿qué le vas a regalar para su cumpleaños?
Pili	(8) __________ quizás una pequeña máquina fotográfica o un reloj.

W

Wortschatzübung

3. Die Monate

Schreiben Sie die Daten voll aus.

Beispiel: 15/3 quince de marzo

1. 23/2 ____________
2. 14/12 ____________
3. 21/1 ____________
4. 30/4 ____________
5. 24/6 ____________
6. 31/3 ____________
7. 12/10 ____________
8. 1/5 ____________
9. 11/11 ____________
10. 19/8 ____________
11. 7/7 ____________
12. 2/9 ____________

4. Wo gehen wir hin?

Hier sind einige Orte oder Ereignisse, zu denen man Sie vielleicht einlädt. Aber zuerst müssen Sie die Buchstaben in die richtige Reihenfolge bringen.

1. nice ____________
2. aterot ____________
3. nareaturtes ____________
4. libea ____________
5. tasife ____________
6. coscatide ____________
7. trocencio ____________
8. osume ____________

Grammatik im Visier

5. Sí, sí ...

Beantworten Sie die Fragen.

Beispiel: ¿Leíste el cuento a los niños? (anoche) Sí, se lo leí anoche.

1. ¿Mandaste la tarjeta postal a mamá? (ayer por la mañana)

2. ¿Escribiste la carta a tu hermana? (la semana pasada)

3. ¿Regalaste el reloj a Felipe? (para su cumpleaños)

4. ¿Diste los calcetines a Emilio? (el otro día)

5. ¿Enviaste el fax al jefe? (anoche)

6. ¿Describiste tu trabajo a tus amigos? (en detalle)

6. *Soler* oder *ir a?*

Bilden Sie Fragen.

Beispiele: ¿Qué/Vd/ver/tele/los sábados? ¿Qué suele Vd ver en la tele los sábados?
¿Qué/Vd/ver/tele/esta tarde/? ¿Qué va Vd a ver en la tele esta tarde?

1. ¿A qué hora/Emilio y Pepita/ir/el cine/hoy?

2. ¿Cuánto tiempo/Rosa/quedarse/Méjico/esta vez?

3. ¿Qué/tú/hacer/los fines de semana?

4. ¿Felipe/lavar/coche/los domingos?

5. ¿Qué/Cristina y Felipe/ver/teatro/hoy?

Leseecke

7. Eine Grillparty

Pedro und Marta geben für Pepita eine Grillparty. Bringen Sie die Zeilen in die richtige Reihenfolge, damit die Einladung Sinn macht.

Querido Tomás:

1. traer a la familia y los trajes de baño. Los Pérez
2. por la tarde. Una vieja amiga está de visita desde
3. barbacoa. Vamos a preparar un
4. tres perros! Bueno, ¡hasta domingo – a partir de las dos!
5. montón para comer y beber, pues sólo tienes que
6. Hola, ¿qué tal estás? Os
7. España y vamos a hacerle una
8. invitamos a nuestra casa el domingo
9. vienen y Julia y Javier también, ¡con sus

Schreibprobe

8. Wann hast du Zeit?

Zwei Freunde wollen zusammen Tennis spielen. Sehen Sie sich den Kalender an, und beantworten Sie dann die Fragen.

Beispiel: ¿Cómo te parece lunes por la noche?

Lo siento, pero lunes voy a ver una película con mi familia.

1. ¿Cómo te parece martes por la tarde? ....
2. ¿Cómo te parece el día 5, por la tarde? ....
3. ¿Cómo te parece jueves por la mañana o por la tarde? ....
4. ¿Cómo te parece el 7 de mayo? ....
5. ¿Cómo te parece sábado por la mañana? ....
6. ¿Cómo te parece domingo por la mañana? ....

MAYO						
lunes	martes	miércoles	jueves	viernes	sábado	domingo
3 6.30 cine con la familia	4 10.00- médico 6.00 visitar a mamá	5 2.00 golf con Tomás fiesta en casa de Cristina	6 cuidar a los niños	7 pintar el cuarto de baño	8 9.30 llevar a los niños al teatro	9 misa cenar con mamá

Lektion 16: Sind Sie oft hier?

In dieser Lektion geht's um zwanglose Konversation oder "Smalltalk". Außerdem üben Sie, wie man höflich um Erlaubnis bittet und wie man erklärt, wie oft man etwas tut.

Paare

1. Ich auch.

Welche Reaktion passt zu welcher Aussage?

1. A mí me encanta el ballet.
2. Estoy aprendiendo la guitarra.
3. A mí no me gustan los deportes.
4. Mis padres no vienen nunca.
5. No hago nada este fin de semana.
6. ¿A ustedes les gusta el teatro?
7. No le di a Juan Carlos un regalo de cumpleaños.
8. Mis padres viven en Córdoba.
9. Mi piso es muy caro.

( ) a. Los míos tampoco.
( ) b. Tampoco yo.
( ) c. Los míos también.
( ) d. Yo sí, un disco compacto.
( ) e. Sí, bastante.
( ) f. A mí, no.
( ) g. El mío también.
( ) h. Y yo el piano.
( ) i. A mí tampoco.

Sprechprobe

2. Smalltalk

Ergänzen sie den Dialog mit dem bestimmten oder unbestimmten Artikel, falls erforderlich.

Juana Este es _________ bar precioso, ¿no? ¿vienes aquí a menudo?

Emilio Sí, dos o tres veces por _________ semana. ¿Y tú? ¿Qué te gusta hacer en tus ratos libres?

Juana Vamos a ver. Me gusta cantar, y estoy aprendiendo _________ guitarra. Tengo clase todos _________ martes y sábados. Y me gusta _________ pintura. Y voy bastante frecuentemente _________ cine también.

Emilio Estás bastante ocupada, ¿no? Y ¿vas a veces _________ teatro?

Juana Sí, me encanta _________ teatro.

Emilio A mí, también. En efecto, tengo dos entradas para _________ Teatro Real, _____ viernes por _________ noche. ¿Te gustaría ir?

Juana Sí, me gustaría muchísimo.

Emilio Bien. Vamos a tomar _________ otra copa. Ah, _________ momentito.... ¿Por qué no vamos a _________ otro bar?

Juana Si quieres. Pero, ¿por qué? y ¿quién es aquella mujer extraña? ¿Qué está haciendo? ¿Por qué te está mirando?

Emilio No es nada. No la conozco. Vamos.

Wortschatzübung

3. Kategorien

Welche Wörter gehören zu welchem Thema?

un teléfono el fútbol el francés un calendario una máquina fotográfica la televisión películas la cocina un ordenador una pintura una obra de teatro la guitarra un vídeo un reloj el dinero una foto la mecanografía

1. Zum Erlernen ....
2. Zum Ansehen ....
3. Zum Gebrauch ....

Grammatik im Visier

4. Das mach' ich immer so.

Was tun Sie oft oder nie? Vervollständigen Sie die Sätze.

venir
saber
oír
traer
tener
poner
conducir
hacer
salir

Beispiel: Yo siempre vengo aquí los sábados.

1. Yo siempre _________ un pastel para los domingos.
2. Yo siempre _________ frío en invierno.
3. Yo siempre _________ cerveza del supermercado los viernes.
4. Yo siempre _________ la misma historia cuando esa mujer me habla.
5. Yo nunca _________ sin paraguas en Pontevedra.
6. Yo siempre _________ con cuidado en esta ciudad.
7. Yo nunca me _________ mi mejor vestido cuando preparo la comida.
8. Yo nunca _________ qué hora es.

5. Um Erlaubnis bitten

Bilden Sie höfliche Fragen mit *¿Me permites/me permite usted?* oder *¿se puede?* + Infinitiv. Die Benutzung von *tu* oder *usted* ergibt sich aus dem Zusammenhang.

Beispiel: Vd quiere utilizar el teléfono de alguien.
¿Me permite Vd utilizar su teléfono?
¿Se puede utilizar su teléfono?

1. Vd quiere escuchar la radio.

2. Quiere leer el periódico de alguien.

3. Quiere utilizar la máquina fotográfica de alguien.

4. Quiere sentarse al lado de alguien.

5. Tiene frío. La ventana está abierta.

6. Hace calor. La puerta está cerrada.

6. Erlaubnis erteilen

Welche dieser Antworten passen zu den Fragen von Übung 5?

Beispiel: ¿Me permite Vd utilizar su teléfono?
Claro. ¿A quién llama?

Erlaubnis geben	Erlaubnis verweigern
a. Sí, claro. Hace frío, ¿no?	e. Pero no tiene rollo.
b. Claro. Siéntese.	f. Lo siento. Estoy leyéndolo.
c. Desde luego. ¿Qué programa ponen?	
d. Sí, apenas respiramos aquí.	

Leseecke

7. ¿Cuántas veces?

Lesen Sie den Text. Dann bilden Sie Fragen zu den Antworten beginnend mit *¿Cuántas veces...?*

> Estoy bastante ocupada. Tengo un emple
> a tiempo parcial como profesora de
> español, y doy clase los lunes, martes y
> viernes por la mañana. Voy a la piscina
> todos los martes y viernes por la noche,
> pero el primer viernes de cada mes tengo
> clase de baile, y por eso no puedo ir a la
> piscina entonces. Cada año hago camping
> con unos amigos, y este año vamos a
> Francia, y por eso actualmente hacemos
> clase de francés: sólo estudiamos una vez
> por semana, los miércoles por la mañana,
> pues no aprendemos mucho. Y no puedo ir
> la semana que viene porque voy al
> dentista (le veo una vez cada seis meses).
> Mi madre viene a visitarme una vez por
> mes, generalmente el primer fin de
> semana, pero este mes lo cambié, porque
> voy a una fiesta el sábado por la noche.

Beispiel: ¿Cuántas veces da clase de español?

Tres veces por semana.

1. ....

Dos noches por semana.

2. ....

Una vez por año.

3. ....

Dos veces por año.

4. ....

Una noche por mes.

5. ....

Un fin de semana por mes.

Schreibprobe

8. Tun Sie jemals ...?

Beantworten Sie die Fragen zu Ihrer Person.

Beispiel: ¿Hace Vd camping de vez en cuando? Sí, hago camping unas dos veces por año.

oder No, nunca hago camping.

1. ¿Hace Vd esquí de vez en cuando? ....
2. ¿Escucha Vd ópera de vez en cuando? ....
3. ¿Habla Vd alemán de vez en cuando? ....
4. ¿Bebe Vd whiskey de vez en cuando? ....
5. ¿Va Vd en bicicleta de vez en cuando? ....
6. ¿Lleva Vd vaqueros de vez en cuando? ....

Lektion 17: Ich werde viel zu tun haben.

In dieser Lektion geht's um die Zukunft und um Voraussagen zukünftiger Ereignisse. Außerdem werden Sie üben, wie man sich nach Informationen erkundigt.

Paare

1. Was passt zusammen?

Bilden Sie komplette Sätze.

1. Voy a escuchar
2. Van a levantarse
3. ¿Por qué está
4. Vamos a ir
5. Me gustaría
6. ¿Podría hablar
7. ¿Qué vas a escribir

( ) a. ver una película.
( ) b. mirándome?
( ) c. con Emilio, por favor?
( ) d. en esa carta?
( ) e. hoy por la noche.
( ) f. la radio.
( ) g. a las 7.30.

Sprechprobe

2. Unstimmigkeiten

Cristina streitet sich mit ihrem Sohn Juan Carlos. Bringen Sie die Zeilen in die richtige Reihenfolge um herauszufinden, worum es geht.

1. **Juan Carlos** No, no voy a aprobar, pero no importa.
2. **Juan Carlos** No voy a buscar trabajo.
3. **Juan Carlos** No, todavía no.
4. **Juan Carlos** No voy a la universidad. Voy a viajar a los Estados Unidos y luego a Argentina.
5. **Juan Carlos** No estoy haciendo nada. ¿Por qué?
6. **Cristina** ¿Qué no vas a buscar trabajo? Pues, ¿qué vas a estudiar en la universidad?
7. **Cristina** ¿Por qué no estás estudiando? ¡Tienes tus exámenes el mes que viene! ¿Y tu futuro? ¿No vas a aprobar tus exámenes?
8. **Cristina** Juan Carlos, ¿qué estás haciendo en tu cuarto?
9. **Cristina** ¿Por qué no importa? ¿Qué va a pasar después de tus exámenes? ¿Qué trabajo vas a hacer?
10. **Cristina** ¿Cómo? Y ¿de dónde vas a sacar el dinero? ¿Qué vas a hacer allí? ¿Por qué no me lo has dicho? ¿Se lo has dicho a tu padre?

Wortschatztraining

llegar tarde
llover
caerse
romperse
echar al correo
chocarse
abrir

3. Was wird passieren?

Füllen Sie die Lücken mit den richtigen Futurformen, so wie im Beispiel.

Beispiel:  Va a cerrar la ventana.

1.

1. ....
2. ....
3. ....
4. ....
5. ....
6. ....
7. ....

2.

7.

6.

5.

3.

4. Die passende Verform

1. (¿Oyó/escuchó) __________ Vd lo que pasó anoche?
2. ¿Cristina y Felipe van a (venir/ir) __________ a Méjico este año?
3. ¿Qué vas a (decirle/hablarle) __________ a tu marido?
4. (¿Viste/miraste) __________ los Pirineos desde el avión?
5. ¿El camarero va a (llevar/traer) __________ las cervezas?
6. Lo siento, pero no (entiendo/conozco) __________ la pregunta.

4.

Grammatik im Visier

5. Worüber Leute sich so unterhalten

Bilden Sie Fragen mit *ir a,* so wie im Beispiel.

Beispiel: Vamos al extranjero este año.

(¿adónde/ir) ¿De verdad? ¿Adónde van a ir?

1. Este mes Emilio compra un nuevo coche.

   (¿qué tipo?) ....

2. La semana que viene pintamos el cuarto de baño.

   (¿de qué color?) ....

3. Sábado por la noche llevo a Juana al teatro.

   (¿qué/ver?) ....

4. El mes que viene Pedro y Marta mudan de casa.

   (¿adónde?) ....

5. El viernes Cristina invita a unos amigos a cenar.

   (¿A quiénes/invitar?) ....

6. ¡Olé! ¡Tengo un nuevo empleo!

   (¿Cuándo/empezar?) ....

6. Jemand/niemand, irgendwo/nirgendwo, etwas/nichts

Vervollständigen Sie die Sätze mit *alguien, nadie, alguna parte, ninguna parte, algo* oder *nada.*

1. No vamos a la fiesta. No va a haber ---------- interesante allí.
2. Cállate, estoy viendo ---------- interesante en la tele.
3. No tenemos mucho dinero, pues no vamos a ---------- este año.
4. ¿Hay ---------- aquí?
5. La oficina de Cristina está en ---------- de Villaverde.
6. Emilio me va a regalar ---------- muy caro para mi cumpleaños.
7. ¿Cristina? ¿Estás ahí? ---------- te quiere hablar por teléfono.
8. Tengo mucha hambre pero no hay ---------- en el frigorífico.

Leseecke

7. Was bringt die Zukunft?

Lesen Sie das Horoskop, und korrigieren Sie dann die Aussagen.

Beispiel: Va a tener un buen mes en el trabajo.

No, voy a tener un mal mes en el trabajo.

1. Va a tener problemas con el dinero al principio del mes.

2. Va a haber noticias de la familia.

3. Su compañero va a estar contento/a.

4. Va a haber disputas con su jefe.

5. Va a ser un mes tranquilo socialmente.

6. No va a necesitar mucho ejercicio.

Su horóscopo para este mes:

Trabajo: Este no va a ser un buen mes para Vd, pues ¡tenga cuidado! Va a tener algunos problemas con los colegas al principio del mes y con el dinero al fin del mes.

Amor: Va a recibir noticias de un/a viejo/a amigo/a - quizás una carta, quizás le llama por teléfono, y esto va a causar problemas con tu compañero/a; va a tener celos. Va a haber disputas.

Salud: Va a ser un mes ocupado socialmente - muchas fiestas e invitaciones, pues ¡cuídese la salud! Va a necesitar mucho ejercicio, sueño y un régimen sano.

Schreibprobe

8. Gute Vorsätze?

Cristinas Tochter Linda hat eine Liste mit guten Vorsätzen in ihr Tagebuch geschrieben. Aber jetzt hat sie ihre Meinung geändert. Wie lauten ihre neuen Vorsätze?

Beispiel: casarme - ~~Juan~~ Esteban No voy a casarme con Juan, voy a casarme con Esteban.

1. aprender - ~~guitarra~~ piano
2. hacerme - ~~profesora~~ ingeniera
3. vivir - ~~Canadá~~ Brasil
4. conducir - ~~Rolls-Royce~~ Porsche
5. ser - ~~hermosa~~ rica
6. tener - ~~perros~~ caballos

Lektion 18: Einmal hin und zurück.

Lektion 18 handelt vom Reisen. Sie werden üben, wie man Fahrkarten kauft, Abfahrtszeiten herausfindet und höflich um Informationen bittet.

Paare

1. Begründungen

Ordnen Sie zu.

1. ¿Para qué va Vd a Granada?
2. ¿Para qué vas al centro de deportes?
3. ¿Para qué vas a la estación?
4. ¿Para qué vas al hotel Sol?
5. ¿Para qué vas al aeropuerto?
6. ¿Para qué vas al banco?

( ) a. para reservar una habitación para un amigo.
( ) b. para cambiar dinero.
( ) c. para ver a mis padres.
( ) d. para jugar al tenis.
( ) e. para sacar dos billetes para Córdoba.
( ) f. para esperar a un amigo que llega del Perú.

Sprechprobe

2. Zugfahrkarten kaufen

Juana und Emilio wollen mit dem Zug nach Granada, um Juanas Eltern zu besuchen. Jetzt stehen die beiden am Fahrkartenschalter. Vervollständigen Sie den Dialog mit den passenden Wörtern.

sale
quedarme
vuelven
andén
ida y vuelta
incluido
debes
cuántos son

Empleado ¿Qué desea?
Juana Quiero dos billetes de ---------- a Granada, por favor.
Empleado ¿En el AVE? Y ¿ ---------- Vds en el AVE?
Juana Sí. Dos de ida y vuelta en el AVE.
Empleado Aquí tienen. Son 8.000 pesetas.
Juana ¿ ---------- ?
Empleado 8.000 pesetas, el suplemento AVE ----------.
Juana Gracias. Puede decirme a qué hora ---------- el tren para Granada?

Empleado A ver. El AVE para Granada sale a las 09.27, del __________ 3.

Juana Gracias. Vamos, Emilio.

Emilio Pero quiero __________ en Pontevedra hoy, para lavar mi coche y para reunirme con mis amigos, y para ir al bar. ¿Para qué vamos a Granada hoy?

Juana Tú sabes para qué - para presentarte a mis padres. Vamos. Y me __________ 8.000 pesetas.

Wortschatztraining

3. *A* - ja oder nein?

Streichen Sie *a* weg, wo es überflüssig ist.

1. Emilio quiere *a* quedarse en Pontevedra hoy.
2. Va *a* ver *a* sus amigos.
3. Ya no quiere *a* Rosa, pero no quiere *a* Juana tampoco.
4. Juana va *a* llevar *a* Emilio *a* Granada para presentarle *a* sus padres.
5. Los padres de Juana tienen *a* tres perros.

4. *A* oder *en*?

1. Los padres de Juana viven a/en Granada.
2. Hoy van a estar a/en casa.
3. Juana va a/en casa a verles.
4. Al volver a Pontevedra van a ir a cenar a/en un restaurante.
5. Emilio prefiere cenar a/en su bar favorito.

5. Wortspiel

Hier geht's um Reise und Hotel. Tragen Sie die passenden Wörter in das Diagramm ein. Die Buchstaben im fettumrahmten Kasten ergeben den Namen eines Verkehrsmittels.

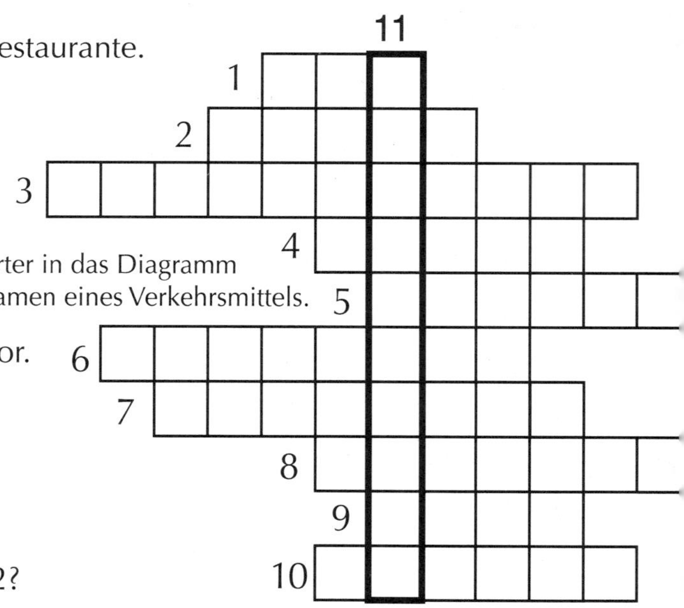

1. Dos de __________ y vuelta a Los Cabos, por favor.
2. El tren sale del __________ 6.
3. ¿Vamos a comer en el __________ ?
4. ¿Tienen una habitación __________ ?
5. ¿Dónde está la __________ del autobús número 2?

6. ¿El precio incluye el __________ ?
7. Dos __________ de segunda para Santa Cruz, por favor.
8. ¿Aceptan tarjetas de __________ ?
9. ¿Vamos en __________ o en avión?
10. Necesitamos una habitación para tres __________ .

Grammatik im Visier

6. Informationen erfragen

Sie können nicht hören oder verstehen, was jemand sagt. Bitten Sie um Wiederholung des Gesagten.

Beispiel: El próximo vuelo para Tokio es miércoles. Perdone Vd, ¿cuándo?

1. El próximo autocar para Sevilla es aquel azul. ....
2. Deme dos de ida para Segovia, por favor. ....
3. ¿El señor Moreno? Le ha llamado el señor Blanco. ....
4. Una habitación individual cuesta 6.400 pesetas por noche. ....
5. El próximo tren para Barcelona sale del andén 2. ....
6. El tren llega a París a las 12.35. ....

7. Höflich um etwas bitten: *¿Podría usted ...?*

Lesen Sie die Beschreibungen. Dann bilden Sie Fragen beginnend mit *¿Podría Vd...?*

Beispiel: Sie möchten die Abfahrtszeit des nächsten Buses nach Sevilla wissen.
¿Podría Vd decirme a qué hora sale el próximo autocar para Sevilla?

1. Jemand spricht sehr schnell, und Sie verstehen ihn nicht.
....
2. Sie möchten zwei Rückfahrkarten nach Alicante.
....
3. Sie wollen wissen, wie man zum Bahnhof kommt.
....
4. Sie sitzen im Flugzeug und möchten ein Glas Wasser.
....

Leseecke

8. Rosas Tagebuch

Rosa macht sich während ihrer Reise über jeden Ort Notizen.
Bilden Sie aus den Notizen ganze Sätze.

Beispiel: hotel desastroso anoche.

Nos alojamos en un hotel desastroso anoche.

Hotel desastroso anoche. Todos en grupo se enfadan. No habitaciones dobles o con dos camas, no duchas. Habitaciones sucias, comida restaurante no buena. ¿Buscar otro hotel? - demasiado tarde. Disputa con gerente del hotel - hombre no simpático. Todos a España mañana. Vuelo llega Madrid-Barajas 14.30.

Schreibprobe

9. Ein Fahrplan

Erfinden Sie zwei Dialoge unter Benutzung des Fahrplans rechts.

	Vigo	Pontevedra	Santiago	La Coruña
	06.04	06.36	07.52	09.03
1.	07.18	07.51	09.05	10.24
2.	09.58	10.26	11.38	12.55

Beispiel:

Viajero ¿Puede decirme a qué hora sale el próximo tren de Pontevedra a La Coruña?

Empleado Sí. Sale a las 06.36.

Viajero Y ¿cuándo llega?

Empleado Llega a las 09.03.

1. **Viajero** ...

Empleado ...

Viajero ...

Empleado ...

2. **Viajero** ...

Empleado ...

Viajero ...

Empleado ...

Lektion 19: Mir geht's nicht gut!

Diese Lektion handelt von sportlichen Aktivitäten und Gesundheit. Sie werden üben, wie man sein Befinden ausdrückt und Ratschläge gibt.

Paare

1. *¿Qué haces cuando tienes frío?*

Ordnen Sie zu.

1. Cuando tengo frío	( )	a. me acuesto temprano.
2. Cuando me siento solo/a	( )	b. voy al centro de deportes.
3. Cuando tengo sueño	( )	c. siempre bebo agua o jugo de fruta.
4. Cuando tengo hambre	( )	d. me pongo otro suéter.
5. Cuando peso demasiado	( )	e. me hago un bocadillo de queso.
6. Cuando tengo sed	( )	f. llamo a mi mejor amigo/a.

Sprechprobe

2. *Pareces cansada*

Rosa ist gerade von ihrem Mexikotrip zurückgekommen, als sie beim Einkaufen zufällig Emilio trifft. Vervollständigen Sie den Dialog.

Emilio ¡Rosa! ¡Bienvenida! ¿Cómo (ser) __________ el viaje? (Parecer) __________ un poco cansada.

Rosa Sí, es verdad. Lo (pasar) __________ estupendamente, pero el viaje de regreso es largo. (Estar) __________ un poco desfasada por el viaje. Pero, ¡qué mal estás! ¿Qué (pasar) __________ ?

Emilio Me siento terrible. Tengo dolor de cabeza, me (doler) __________ el estómago, y no (poder) __________ dormir anoche.

Rosa ¿Es una resaca? O ¿tienes la gripe? ¿Por qué no vas a casa a acostarte?

Emilio No (poder) __________ . Tengo que ver a alguien en el bar a las 7.30.

Rosa ¿Una mujer?

Emilio Sí. En efecto, creo que es el problema. Ayer me (llevar) __________ a Granada, y conocí a sus padres. (Comer) __________ allí, pero su madre (cocinar) __________ muy mal. La comida estaba fatal, y yo (estar) __________ enfermo en el tren en el viaje de regreso. Fue un día horroroso. Yo no (querer) __________ verla más.

Wortschatztraining

3. Körperteile

Ordnen Sie die Buchstaben. Dann markieren Sie die Namen der Körperteile auf dem Bild.

1. ógasmote ....
2. abacez ....
3. ceñuma ....
4. irapen ....
5. oman ....
6. darillo ....
7. llobito ....
8. epi ....
9. doco ....
10. rucepo ....

4. *Mirar, buscar* oder *parecer*?

Wählen Sie das passende Verb.

1. Pablo es contable, pero no lo mira/busca/parece, ¿verdad?
2. ¿Por qué me miras/buscas/pareces así?
3. Rosa mira/busca/parece cansada hoy.
4. Cuando estuvo en Méjico, Rosa miró/buscó/pareció a una prima suya.
5. ¿Qué está Vd mirando/buscando/pareciendo? ¿Puedo ayudarle?
6. Rosa miraba/buscaba/parecía enfadada con el gerente del hotel.
7. - ¡Mire/busque/parezca Vd cómo está esta habitación! - le dijo.
8. Tuvo que mirar/buscar/parecer otro hotel.

Grammatik im Visier

5. Gute Ratschläge

Geben Sie einem Freund sinnvolle Ratschläge beginnend mit *¿Por qué no...?*

Beispiel: Me duelen los ojos. (llevar tus gafas) ¿Por qué no llevas tus gafas?

1. Me duele la cabeza. (tomar aspirinas) ....
2. Tengo un dolor de muelas horrendo. (ir al dentista) ....
3. Tengo mucho frío. (ponerse suéter) ....
4. Me siento terrible. (ver al médico) ....
5. Me siento tan cansado hoy. (acostarse temprano) ....

6. Vermischte Wörter

Wenn Sie die Wörter richtig ordnen, erhalten Sie ganze Sätze.

1. aburro/voy/me/al/cuando/bar ....
2. ¿ves/por/médico/un/a/qué/no? ....
3. a/Emilio/hermano/parece/no/se/su ....
4. club/voy/nuevo/hacerme/a/aquel/de/deportivo/socio ....
5. parece/usted/hoy/bien/no/muy ....
6. cabeza/fiebre/duele/tengo/me/y/la ....

Leseecke

7. Fragen Sie Tante María.

Lesen Sie den Leserbrief und die Antwort der Expertin. Dann berichtigen Sie die Aussagen.

> **Querida tía María:**
>
> ¿Puede Vd ayudarme? Mi problema es que peso demasiado. Cuando era niña, mi madre hacía unos pasteles y postres maravillosos, y comí demasiado entonces. ¡Pesaba demasiado cuando tenía doce años! El año pasado me puse de régimen, pero no adelgacé. Ahora sigo otro régimen, pero es igual. Y no puedo dormir, porque siempre tengo hambre.
>
> Me siento muy mal ... y muy sola. ¿Qué puedo hacer?
>
> Paquita

Beispiel: La madre de Paquita cocinaba mal.

No. Cocinaba bien.

1. Paquita no comía mucho cuando era niña.

2. Adelgazó mucho al ponerse de régimen.

3. Se siente mal porque siempre tiene hambre.

4. Cuando pesa demasiado, el régimen y el ejercicio no son importantes.

5. Conoces a mucha gente aburrida al hacer los deportes.

6. Te pones mal cuando haces ejercicio.

Querida Paquita:

Cuando pesas demasiado, el régimen es muy importante, pero el ejercicio es importante también. ¿Tomas ejercicio? ¿Por qué no te inscribes a un club deportivo, o clase de ejercicio? Puedes conocer a mucha gente interesante cuando haces deportes. Al hacer ejercicio, te sientes mejor, y tienes mejor apariencia. Buena suerte.

Tía María

Schreibprobe

8. *Cuando yo tenía 12 años, ...*

Bilden Sie Sätze jeweils beginnend mit *Cuando yo ...*

Beispiel: 12 – me rompí la pierna Cuando yo tenía 12 años, me rompí la pierna.

1. hacía camping en Galicia – llovió todos los días

2. en la universidad – llevaba gafas

3. vivía en Madrid – hacía footing todos los días

4. trabajaba como jardinero – en buena forma

5. trabajaba como camarero – me puse muy gordo

6. de vacaciones a Francia – tuve la gripe

Lektion 20: Wie lange dauert das?

In dieser Lektion geht's um Erfahrungen und um Zeiträume, – wann bestimmte Ereignisse stattgefunden haben und wie lange sie angedauert haben.

Paare

1. Schon/noch nicht

Ordnen Sie zu.

1. Todavía está lloviendo.
2. Todavía vivimos en Buenos Aires.
3. Todavía estoy leyendo el periódico.
4. Ya no queda vino.
5. Cristina está todavía en la oficina.
6. Juan Carlos está todavía en la cama.
7. No me acuerdo de su nombre.
8. El tren salió hace 5 minutos.

( ) a. Lo hemos bebido todo.
( ) b. Me he olvidado de cómo se llama.
( ) c. Todavía no se ha ido a casa.
( ) d. Lo hemos perdido.
( ) e. No ha parado.
( ) f. No hemos mudado de casa.
( ) g. Todavía no se ha levantado.
( ) h. No lo he terminado todavía.

Sprechprobe

2. *Todavía no se ha levantado.*

Samstag Morgen. Cristina kommt gerade vom Einkaufen zurück. Ihre Tochter Linda sitzt in der Küche und trinkt Kaffee. Lesen Sie den Dialog und entscheiden Sie dann, ob die anschließenden Aussagen wahr oder unwahr sind.

Cristina	¿Dónde está Juan Carlos?
Linda	No sé. No le he visto esta mañana.
Cristina	¿Cómo? ¿No se ha levantado todavía? ¡Es casi la hora de comer!
Linda	Creo que fue a la discoteca anoche. Sin duda está cansado.
Cristina	Me da igual. ¿Juan Carlos? ¿Juan Carlos? ¡Levántate! ¡Es la hora de comer! Linda, ¿has hecho tu cama?
Linda	No, todavía no. Voy a hacerla esta tarde.

Cristina Pero vas al festival de jazz esta tarde.

Linda Ya lo sé, ya lo sé.

Cristina ¿Has salido de paseo con el perro? No lo has hecho, ¿verdad?

Linda No. Lo siento. Me olvidé.

Cristina ¿Te olvidaste? Linda, ¿qué te ha pasado? Te olvidas de tantas cosas recientemente. ¿Han llamado por teléfono?

Linda Sí, ha habido tres llamadas, pero todas han sido para mí.

1. Juan Carlos está todavía en la cama. *Verdad/mentira*
2. Linda vio a Juan Carlos en una discoteca. *Verdad/mentira*
3. Linda no ha arreglado su cuarto. *Verdad/mentira*
4. Linda no ha salido de paseo con el perro. *Verdad/mentira*
5. La familia ha almorzado. *Verdad/mentira*
6. No han llamado por teléfono esta mañana. *Verdad/mentira*

Wortschatztraining

3. *Desde* oder *desde hace*?

Ergänzen Sie die Sätze.

1. Vivimos en Nueva York __________ 1982.
2. Cristina está de régimen __________ su cumpleaños.
3. Cristina y Felipe están casados __________ 26 años.
4. Emilio parece fatal. Tiene la gripe __________ el martes pasado.
5. Sólo conozco a Emilio __________ un mes.

4. *¿Has ... alguna vez?*

Hier hat jemand einiges durcheinander gebracht. Wie müssten die Fragen richtig lauten?

1. ¿Has comido alguna vez la pierna? ____________________
2. ¿Has montado alguna vez en un almacén grande? ____________________
3. ¿Has ido alguna vez la guitarra? ____________________
4. ¿Has tocado alguna vez el vino chileno? ____________________
5. ¿Has vivido alguna vez a caballo? ____________________

6. ¿Has bebido alguna vez la comida japonesa? ....

7. ¿Te has roto alguna vez en Montevideo? ....

8. ¿Has trabajado alguna vez a un festival de jazz? ....

Grammatik im Visier

5. *Sopa de letras*

Die Partizip Perfektformen der Verben aus der Box haben sich in der *sopa de letras* versteckt. Können Sie sie finden? Die erste Form geben wir Ihnen vor.

O	C	E	A	H	I	M	I	R	A	D	O
R	A	P	U	E	S	T	O	D	O	T	E
J	I	M	A	C	H	A	B	L	A	D	O
S	D	I	C	H	O	V	E	H	B	D	E
A	O	Z	G	O	I	B	E	B	I	D	O
L	L	E	G	A	D	O	R	S	E	I	S
I	D	S	L	R	O	F	A	S	R	D	V
D	E	C	I	S	A	F	R	I	T	O	I
O	T	R	A	B	A	J	A	D	O	N	V
O	D	I	V	U	E	L	T	O	Y	N	I
R	O	T	O	R	U	A	N	D	O	T	D
A	R	O	E	S	C	U	C	H	A	D	O

trabajar abrir beber caer dar decir escuchar escribir freír hablar hacer ir llegar mirar oír poner romper salir ser vivir volver

6. Zeitformen

Wählen Sie die Zeitform, die in den Sätzen am meisten Sinn macht.

1. (Fuimos/hemos estado) __________ tres veces en Suiza recientemente.
2. (¿Fuiste/has ido) __________ a Córdoba en el tren ayer?
3. (Viví/he vivido) __________ en Chile cuando era niña.
4. ¿Desde cuándo (estás/has estado) __________ casado?
5. (Conozco/he conocido) __________ a los padres de Juana desde hace dos semanas.
6. Juan Carlos todavía no (ha lavado/lavó) __________ el coche.
7. Perdone, (me he olvidado/me olvidé) __________ de cómo se llama su esposa.
8. El tren para Córdoba (salió/ha salido) __________ ya hace cinco minutos.
9. Emilio (es/ha sido) __________ reportero desde el principio del mes.

Leseecke

7. Ein Jazzfestival

Füllen Sie die Lücken in dem Zeitungsartikel mit den passenden Verbformen.

escrito dormirse
oído encanta
recibido paró
quejado vivo

Los habitantes de Villaverde se quejan del festival.

La policía ha _________ más de cien quejas acerca del ruido del festival de jazz en el Parque Central de Villaverde el sábado y domingo pasados. «Yo _________ en esta calle al lado del parque desde hace 18 años, y en mi vida he _________ semejante ruido,» dijo la Sra Patricia Molinero, de calle del Parque, 24. «No _________ hasta medianoche, y nuestros niños pequeños no podían _________ » dijo el Sr Juan Sastre, de la Arboleda del Parque, 37. Su esposa, Juana, dijo: «Nos hemos _________ a la policía, y hemos _________ cartas a los periódicos. Nos _________ el jazz, pero esta música fue un desastre.»

Schreibprobe

8. Bist du schon fertig?

Cristina ist heute Nachmittag nicht da, aber sie hat für Juan Carlos eine Liste mit Hausarbeiten hinterlassen. Jetzt ruft sie an um zu fragen, ob er auch alles erledigt hat. Anhand des Bildes wissen Sie schon, wie seine Antworten ausfallen.

Beispiel: arreglar/sala de estar ¿Has arreglado ya la sala de estar?

Sí, ya la he arreglado. oder No, no la he arreglado todavía.

1. lavar/coche

....

2. hacer/la compra

....

3. barrer/el suelo

....

4. fregar/platos

....

5. hacer/bocadillos

....

6. echar/cartas al correo

....

Lektion 21: Lange nicht gesehen!

In dieser Lektion werden Sie üben, wie man alte Freunde begrüßt und wie man erzählt, was man in der Zwischenzeit gemacht hat.

Paare

1. *¿Qué hacías cuando ...?*

1. Cuando vivíamos en Portugal	( )	a.	Emilio era ingeniero.
2. Cuando yo aprendía inglés	( )	b.	Rosa parecía un poco cansada.
3. Antes de hacerse reportero	( )	c.	Paquita comía muchos pasteles y postres
4. Cuando la vi en la calle	( )	d.	siempre hablábamos portugués con los vecinos.
5. Antes de casarse con Cristina	( )	e.	iba a clase dos veces por semana.
6. Cuando Ana tenía sed	( )	f.	¿dónde trabajaba Vd?
7. Cuando era niña	( )	g.	Felipe parecía soltero confirmado.
8. Antes de trabajar aquí	( )	h.	bebía un jugo de naranja.

Sprechprobe

2. *¡Cuánto tiempo sin verte!*

Füllen Sie die richtigen Verbformen in die Lücken.

Rosa ¡Ana! ¡Hace meses que no te (ver) __________ ! ¿Qué tal estás?

Ana Rosa, ¡cuánto me alegro de (ver) __________ te! Estoy muy bien. Oye, ¡(oír) __________ hablar de tu nuevo trabajo!

Rosa Sí, ya hace unos dos meses que (trabajar) __________ para la compañía de viajes, y me (gustar) __________ mucho. No he estado mucho en Pontevedra, porque he (estar) __________ de viaje en Méjico. ¿Y tú? ¿Qué has estado (hacer) __________ ?

Ana Sigo (trabajar) __________ en el hospital. Oye, ayer (ver) __________ allí a tu antiguo novio.

Rosa ¿A quién? ¿A Emilio?

Ana Sí. Yo estaba (pasar) __________ por la recepción, cuando le (ver) __________ .

Rosa ¿Qué estaba (hacer) __________ allí?

Ana No sé. Yo estaba (charlar) __________ con otro paciente en aquel momento, pues no podía (preguntarle) __________ . Estaba (sentar) __________ en el rincón, y se estaba (frotar) __________ la cabeza.

Rosa ¡Dios mío! ¿Un accidente?

Ana Quizás. Estaba con una mujer joven. Ella (parecer) __________ muy enfadada, y no estaban (hablar) __________ .

Rosa ¡Ah! ¡Una riña!

Wortschatztraining

3. Gegensätze

Wie lauten die passenden Gegenteile?

1. perder ....
2. contestar ....
3. comprar ....
4. ir ....
5. enseñar ....
6. recibir ....
7. olvidarse ....
8. despertarse ....

Grammatik im Visier

4. Ein alter Freund

Sie treffen zufällig einen alten Freund, den Sie schon lange nicht mehr gesehen haben. Stellen Sie die passenden Fragen zu seinen Antworten beginnend mit *¿Desde cuándo...?*.

Beispiel: Ahora hago vestidos. ¿De verdad? ¿Desde cuándo los haces?

1. Ahora estudio el chino. ....
2. Mi hermana vive en el Brasil ahora. ....
3. Ahora mi hermano enseña economía. ....
4. Pedro compra y vende coches ahora. ....
5. Ahora mis padres juegan al golf. ....

5. *¿Cuándo pasó?*

Beispiel: ¿Cuándo conociste a tu novia? (trabajar en Zaragoza)

La conocí cuando estaba trabajando en Zaragoza.

1. ¿Cuándo encontraste el dinero? (limpiar el armario)

2. ¿Cuándo te rompiste el brazo? (esquiar en Los Portillos)

3. ¿Cuándo se casaron? (vivir en Santiago de Chile)

4. ¿Cuándo llamó Linda? (hablar con un cliente)

5. ¿Cuándo perdió Emilio su cartera? (visitar a sus padres)

6. ¿Cuándo tuvo Vd el accidente? (viajar a Panamá)

Leseecke

6. Ein Brief

Bringen Sie die Satzteile in die richtige Reihenfolge.

1. con su nueva novia. Estaban riñendo, ¡y su
2. rato, de modo que no compré tu regalo - lo siento. Ha
3. encontré con ella ayer. Me sorpendí mucho. Estaba haciendo la compra en
4. estado trabajando en el hospital, y la semana pasada vio a Emilio allí
5. novia todavía le estaba pegando allí en el hospital! ¡Ja, ja ja!
6. Galería Ritz para tu regalo de
7. ¿Te acuerdas de mi vieja amiga Ana? ¡Me
8. mucho y ¡parece estupenda! Estuvimos hablando largo
9. cumpleaños, cuando la vi. Ha adelgazado

Schreibprobe

7. Was war los, als Mutti nach Hause kam?

Sehen Sie sich das Bild gründlich an, und prägen Sie sich die Szene ein. Dann decken Sie es zu und beantworten die Fragen.

1. ¿Qué estaba leyendo el hombre? ....
2. ¿Qué estaba comiendo el hombre? ....
3. ¿Llevaba sombrero? ....
4. ¿En qué estaba sentado? ....
5. ¿Dónde estaban jugando los niños? ....
6. ¿La niña estaba riéndose o llorando? ....
7. ¿Qué estaba agitando el niño? ....
8. ¿Dónde estaba el gato? ....
9. ¿Qué estaba haciendo el gato? ....

Lektion 22: Was wäre, wenn ...?

In dieser Lektion geht's wieder ums Futur und wie man Prognosen und Vorhersagen macht.

Paare

1. Ähnlichkeiten

Welche Wörter der zweiten Gruppe bilden gute Synonyme zur ersten? Aber Vorsicht! Es gibt mehr Wörter in der zweiten Gruppe.

1 gustar vale gordo irse probablemente volver empezar hablar mirar entonces

2 entrar encontrar también ver comenzar peso encantar regresar tirar contar a lo mejor derecho pues grueso charlar marcharse bien terminar fatal

Sprechprobe

2. Es wird schon nichts passieren!

Felipe und Cristina unterhalten sich über ihren bevorstehenden Wochenendtrip. Lesen Sie den Dialog, und bilden Sie die Fragen zu den Antworten.

Felipe He estado pensando en el fin de semana que viene.

Cristina Vale. ¿Y qué?

Felipe Bueno, pues, viernes y lunes son fiesta, ¿no?

Cristina Sí ...

Felipe ¿Por qué no nos vamos a alguna parte para los cuatro días? Vamos a la Sierra. Podemos hacer unas excursiones a pie en las montañas.

Cristina Pero a los niños no les gusta nada andar en las montañas.

Felipe No llevaremos a los niños. Les dejaremos aquí.

Cristina ¿Cómo? ¿Dejarles solos?

Felipe	No hay problema. No pasará nada. Estarán bien. Podrán atenderse a sí mismos. Ya tienen dieciséis y diecisiete años.
Cristina	Lo sé, pero... ¿Y la comida?
Felipe	A lo mejor comerán hamburguesas y pizzas para el desayuno, el almuerzo y la cena. No te preocupes.
Cristina	Y a lo mejor tendrán una fiesta, pasarán la noche bailando.
Felipe	Que no. Son niños razonables.
Cristina	Bueno pues, a mí sí que me gustaría irme para el fin de semana... De acuerdo, vamos.

Beispiel: ¿En qué ha estado pensando Felipe? .... En el fin de semana.

1. .... Quiere ir a la Sierra.
2. .... No, no les llevarán.
3. .... No, no les gusta nada.
4. .... Tienen 16 y 17 años.
5. .... A lo mejor comerán hamburguesas y pizzas.
6. .... No. Son niños razonables.

Wortschatztraining

3. Wie funktioniert was?

Füllen Sie die Lücken mit den entsprechenden Wörtern.

tuerzo empujo tiro de
tuerzo empujo llave
botón manivela
interruptor palanca

1. ¿Qué pasará si yo _________ esta _________ ? La ventana se abrirá.
2. ¿Qué pasará si yo _________ este _________ ? Las luces se encenderán.
3. ¿Qué pasará si yo _________ esta _________ ? La puerta se abrirá.
4. ¿Qué pasará si yo _________ esta _________ ? El motor se pondrá en marcha.
5. ¿Qué pasará si yo _________ este _________ ? La radio se encenderá.

4. Das passende Wort

1. Juan Carlos, estarás __________ mañana si no te acuestas temprano hoy.
2. Paquita, te pondrás __________ si comes hamburguesas cada día.
3. Hace mucho calor. Tendrás __________ si no bebes algo.
4. Tendrás __________ si no comes tu almuerzo.
5. Vas a estar __________ si bebes más vino.
6. Todavía es invierno. Tendremos __________ si abres la ventana.

Grammatik im Visier

5. *Al, sin, para* oder *de?*

1. Necesitas tres huevos __________ hacer esta tortilla.
2. Rosa se aburre __________ vivir en Pontevedra.
3. Emilio no puede cambiar su trabajo __________ mudar de casa.
4. Compré harina __________ hacer pan.
5. No puedes hacer pan __________ comprar harina.
6. __________ llegar a Cancún, Rosa llamó a sus amigos.
7. No queríamos irnos __________ despedirnos de Vds.
8. __________ volver de Méjico, Rosa estaba bastante cansada.

6. Reflexivpronomen

Setzen Sie das passende Pronomen ein.

1. Los sábados Juan Carlos __________ levanta muy tarde.
2. Hace una hora que Linda está en el cuarto de baño. Estará duchándo __________.
3. Linda y Juan Carlos, __________ comportaréis bien, ¿no?
4. Felipe, ¿qué haces? __________ afeito en el cuarto de baño.
5. ¿Cómo __________ rompiste la pierna?
6. ¡Cuánto __________ alegramos de verte!
7. ¿ __________ acuerda Vd de mi amiga Ana?
8. El año pasado __________ casé con un chico francés.

me
te
se
nos
os

Leseecke

7. Partyeinladungen

Hier sind zwei Einladungen, bei denen einiges verwechselt worden ist. Ordnen Sie die Sätze.

1. Mamá y papá se van para
2. Es el cumpleaños de Rosa el
3. fin de semana que viene (tendrá 30 años), pues
4. el fin de semana, y no volverán hasta lunes, pues
5. queremos hacerle una fiesta. La haremos en
6. ¡vamos a tener una fiesta! será
7. el sábado por la noche, a partir de las 8.30. A lo mejor
8. mi piso el viernes por la noche a partir de las 8.00. Yo no
9. prepararé comida para la fiesta, pero ¿podrías traer
10. voy a preparar comida, porque no tendré tiempo. ¿Podrías traer
11. algo de comer?
12. algo de beber?
13. Gracias. Hasta sábado. Linda.
14. Gracias. Hasta viernes. Susana.

Schreibprobe

8. Kommt ihr auch ohne uns zurecht?

Cristina stellt sich gerade vor, was Juan Carlos und Linda in ihrer und Felipes Abwesenheit alles anstellen könnten. Bilden Sie aus den Sprechblasen ganze Sätze.

Beispiel: A lo mejor tendrán una fiesta.

1. ....
2. ....
3. ....
4. ....
5. ....
6. ....

Lektion 23: Was hast du gesagt?

In dieser Lektion üben Sie die indirekte Rede, d.h. wie man etwas Gehörtes weitererzählt.

Paare

1. Wie haben sie es gesagt?

Ordnen Sie zu.

1. – ¡Nos vamos a casar! –	( )	a. dijo apasionadamente.
2. – Mi gato se murió ayer –	( )	b. dijo tranquilamente.
3. – ¡Juan Carlos! ¡No hagas eso! –	( )	c. dijo emborrachada
4. – Emilio, ¡te quiero! –	( )	d. dijo impacientemente
5. – ¡Chiss! El bebé está durmiendo –	( )	e. dijo con enojo.
6. – ¡Date prisa! ¡Ya son las 8! –	( )	f. dijo celosamente
7. – Este es mi décima copa de vino –	( )	g. dijo alegremente.
8. – Ahí van Emilio y su nueva novia –	( )	h. dijo tristemente.

Sprechprobe

2. Was hat er gesagt?

Rosa erzählt ihrer Freundin Ana von dem nachfolgenden Telefongespräch, das sie gestern Abend mit Emilio geführt hat. Geben Sie die Unterhaltung in Rosas Worten wieder.

Emilio Te llamo para decir adiós.

Rosa ¿Adónde te vas?

Emilio (1) Me voy de Pontevedra. Voy a Costa Rica.

Rosa (2) ¿Por qué te vas?

Emilio (3) Tengo demasiados problemas aquí.

Rosa (4) ¿Qué clase de problemas tienes?

Emilio (5) Tengo toda clase de problemas. (6) No me gusta mi trabajo, mi jefa no me quiere, y tengo demasiados problemas con mis amigas.

Rosa	(7) ¿Qué vas a hacer en Costa Rica?
Emilio	(8) No sé todavía. A propósito, (9) ¿qué haces el viernes por la noche?
Rosa	(10) No hago nada. (11) ¿Por qué?
Emilio	(12) Tengo dos entradas para el teatro.

Beispiel: Dijo que llamaba para decir adiós. Le pregunté adónde iba.

1. ....
2. ....
3. ....
4. ....
5. ....
6. ....
7. ....
8. ....
9. ....
10. ....
11. ....
12. ....

Wortschatztraining

3. Lachen oder weinen?

Ordnen Sie zu.

1. ¡Socorro!	a. rió.
2. Por favor, ¿qué hora es?	b. pensó.
3. Son las dos y media	c. gritó.
4. ¡Chisss! ¡Silencio!	d. lloró.
5. ¡Ay! ¡Qué triste estoy …!	e. contestó.
6. ¡Qué película más divertida!	f. susurró.
7. Mmmmm – ¡qué bonita …!	g. preguntó.

Grammatik im Visier

4. Ähnlichkeiten

Welche adverbialen Ausdrücke gehören zu welchen Adverben?

1. evidentemente	a. llorando
2. verdaderamente	b. en voz baja
3. tristemente	c. riéndose
4. alegremente	d. claro
5. fuertemente	e. de prisa
6. silenciosamente	f. con fuerza
7. rápidamente	g. sin decir nada
8. tranquilamente	h. de veras

5. Indirekte Rede

Beispiel: – ¿Vas a casa? – le preguntó. *Le preguntó si iba a casa.*

1. – ¿Hace frío fuera? – le preguntó Felipe. ....
2. – ¿Te gusta el cine? – le preguntó él. ....
3. – ¿Quieres vino? – preguntó Felipe a su amigo. ....
4. – ¿Vas a ir al teatro? – preguntó Emilio a Rosa. ....
5. – ¿Están bien tus padres? – le preguntó. ....

Leseecke

6. Das habe ich in der Bank gehört.

Cristina hat zufällig mitgehört, wie sich in der Bank zwei junge Leute hinter ihr unterhielten. Als sie nach Hause kommt, erzählt sie Felipe davon. Schreiben Sie eine sinnvolle Unterhaltung in die Sprechblasen.

El chico le preguntó a la chica qué hacía este fin de semana, y ella dijo que iba a una fiesta. Pues le preguntó dónde estaba la fiesta, y ella le dijo que estaba en Villaverde, y que iba a ser una fiesta fantástica. El chico le preguntó por qué iba a ser una fiesta fantástica, y ella dijo que porque los padres de su amiga iban a estar fuera durante el fin de semana. Luego él le preguntó cómo se llamaba su amiga, y ella dijo que se llamaba Linda, y que el hermano de su amiga se llamaba Juan Carlos ...

Schreibprobe

7. *¿Qué se dice?*

Beantworten Sie die Fragen wie im Beispiel.

Beispiel: ¿Qué se dice cuando se quiere saber el precio de algo?

Se dice: ¿Cuánto cuesta esto?

1. ¿Qué se dice cuando se quiere saber cómo ir a la estación?

2. ¿Qué se dice antes de acostarse por la noche?

3. ¿Qué se dice si uno se quiere sentar al lado de alguien en el tren?

4. ¿Qué se dice cuando se quiere saber a qué hora se cierra la biblioteca?

5. ¿Qué se dice cuando se quiere saber la edad de alguien?

6. ¿Qué se dice cuando se quiere invitar a alguien a ver una película esta noche?

Lektion 24: Wiederholung

1. Gegensätze

Was ist das Gegenteil von:

1. un poco	....	6. siempre	....
2. limpio	....	7. fuerte	....
3. llegar	....	8. mal	....
4. tarde	....	9. comprar	....
5. igual	....	10. encontrar	....

2. Wortteile

Finden Sie die fehlenden Buchstaben.

1.	p _ nd _ _ nt _ s	Los llevas en las orejas.
2.	c _ rr _ d _	No abierto.
3.	z _ n _ h _ r _ _	Legumbre.
4.	_ sq _ _ r _ s _	¡Horrible!
5.	r _ p _ d _ m _ nt _	De prisa.
6.	c _ s _ d _	Tiene marido.
7.	p _ rd _ n	Lo siento.
8.	m_ñ_n_	Primera parte del día.
9.	_e_ _e_ _o	Bebida fría.
10.	e_ _o_ _a_ _a_o	Has tomado mucho vino.
11.	_i_í_i_	No fácil.
12.	_ ie _ _a	No ves bien con este tiempo.
13.	e _ _ uia _	Necesitas mucha nieve para esto.

3. Zeiten

Wählen Sie die passende Verbform.

1. Mañana Rosa (volvió/volverá) .... de Méjico.
2. ¿(Has visto/estás viendo) .... la nueva película de Almodóvar en el cine Planeta?
3. ¿Emilio (encontrará/encontraré) .... un nuevo empleo en Madrid?
4. El año que viene (fuimos/vamos) .... al Ecuador.
5. Cuando yo (estaban trabajando/estaba trabajando) .... en Washington, (viajé/viajaré) .... mucho por los Estados Unidos.
6. (Ponga/pone) .... Vd las zanahorias en esta bolsa, por favor.
7. Cristina (ha vivido/vive) .... en Pontevedra desde hace muchos años.
8. Vamos a (terminando/terminar) .... aquí.

4. C- und Q-Wörter

Bilden Sie vier Gruppen mit den Wörtern, deren Aussprache am Wortanfang gleich ist.

chico quince quién cuándo cero chino clase compra clima cuatro churros cuarto cuenta cincuenta casi cuidar como chaqueta claro quinientos color caro cerrado chocolate qué

'K' 'KW' 'TH' oder 'S' 'TCH'

5. Fehlersuche

Jede Zeile beinhaltet ein falsches Wort. Korrigieren Sie es.

1. Juan Carlos es la persona muy alta de la familia. ....
2. Creo que va para nevar mañana. ....
3. ¿Quisieras va al teatro este fin de semana? ....
4. Le compré un regalo por qué era su cumpleaños. ....
5. ¿Quisieras ir a la montaña en domingo? ....
6. Pongan Vd las botellas en la mesa, por favor. ....
7. No hago algo esta tarde. ....
8. Trabajo aquí desde tres años. ....

6. Felipe hat bald Geburtstag.

Cristina sucht ein Geschenk für Felipe. Erstellen Sie Cristinas Liste. Für was für ein Geschenk wird sie sich aber am Ende entscheiden?

1. Se lleva en el cuello.
2. Con éstos no tienes las manos frías.
3. Para saber qué hora es.
4. Para llevar sobre la camisa.
5. Los llevas en las orejas.
6. Los llevas en los pies.
7. La llevas en la parte superior del cuerpo.
8. Si Felipe quiere sacarle una foto a Cristina.
9. Lo llevas cuando hace un poco frío.
10. Pantalones de ocio.
11. (Senkrecht) ¿Qué le compró?

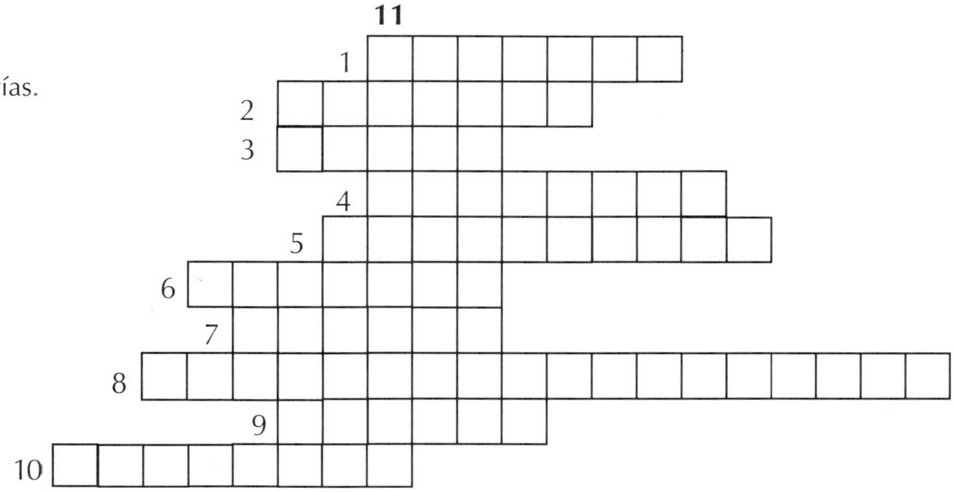

7. Alles erledigt?

Cristina ist heute ziemlich beschäftigt. Deshalb hat sie sich eine Liste gemacht. Es ist gerade Mittagszeit. Was hat sie schon geschafft, und was muss sie noch erledigen?

Beispiel: comprar pan ✓ ¿Has comprado el pan? Sí, lo he comprado

preparar cena ¿Has preparado la cena? No, tengo que prepararlo todavía.

1. llamar a mamá

2. limpiar cuarto de baño ✓

3. arreglar dormitorios ✓

4. echar correos

5. ir a la biblioteca ✓

6. salir con perro ✓

8. Eine Postkarte aus Griechenland

Postkarten werden manchmal nur stichwortartig geschrieben. Bilden Sie aus Cristinas und Felipes Stichworten ganze Sätze.

Hoy es martes. ....

....

....

....

....

....

9. Fragen zu Ihrer Person

1. ¿Qué ropa lleva Vd en este momento? ....
2. ¿Se parece a su madre o padre? ....
3. ¿Qué tiempo hace hoy? ....
4. ¿Adónde fue Vd de vacaciones el año pasado? ....
5. ¿Cuántas veces va Vd al dentista? ....
6. ¿Ha estado alguna vez de régimen? ....
7. ¿Dónde vivía cuando era niño/a? ....
8. ¿Desde cuándo estudia Vd español? ....

Nachschlageteil

Antwortschlüssel

Lektion 1

1. yo soy/estoy; tú eres/estás; él, ella, usted, el coche, Miguel es/está; nosotros/Rosa y yo somos/estamos; Pablo y tú, vosotros sois/estáis; ellos, los señores Pérez son/están.

2. es, me llamo, perdone, está, soy, conocer, quiere, estás.

3. francés, inglés, Colombia, Corea, italiano, norteamericano, Méjico/México, japonés, Brasil, peruano.

4. tres, ocho, seis, dos, uno, diez, once, cinco, cuatro, doce, nueve, siete.

5. 1. está 2. es 3. está 4. está 5. son 6. es 7. soy 8. estoy 9. estoy 10. están.

6. 1. No es francesa 2. No son de Pontevedra 3. No es café 4. No es Pedro 5. No estoy soltera.

7. Emilio Torres es español. Es de Madrid. Su dirección es Calle del Bosque, 28. No está casado, está soltero. Tiene 31 años. Su novia se llama Rosa. Es de León. Tiene 29 años.

8. Freie Antworten

Lektion 2

1. 1d 2e 3b 4a 5f 6g 7c

2. un, un, una, una, un, una, una, una, una, una, una.

3. tiene veintinueve años, tienen treinta y dos años, tengo cuarenta y tres años, tiene cuarenta y tres años, tenemos cuarenta y tres años, tiene sesenta y cinco años, tienes catorce años, tiene cincuenta y seis años.

4. Männl.: abuelo, tío, hermano, hijo, padre, sobrino, marido. Weibl.: abuela, tía, hermana, hija, madre, mujer, sobrina, señora.

5. 1. Juan 2. hermana 3. marido 4. Juanita 5. hijo 6 sobrina, sobrino 7. madre, padre 8. abuela.

5. 1. tienes 2. tengo 3. tienen 4. tenemos 5. tiene 6. tiene.

6. 1. ¿Tiene usted coche? 2. ¿Dónde vive la novia de Emilio? 3. ¿El señor Vicente es de Barcelona?/Es de Barcelona el señor Vicente? 4. ¿Cómo se llama su jefe? 5. ¿Cuántos años tienen los hijos de Susana? 6. ¿Qué es su marido?

7. 1. No, tiene un nuevo empleo. 2. No, es periodista/reportero. 3. No, es una empresa grande. 4. No, tiene seis sucursales. 5. No, es fotógrafa.

8. ¿Su dirección es Avenida de los Robles, 47? No, es Avenida de los Olmos, 47. ¿Está usted casada? Sí (estoy casada). ¿Cómo se llama su marido? Se llama Felipe. ¿Es contable? No, es profesor. ¿Es de París? No, es de Zaragoza.

Lektion 3

1. 1a 2d 3e 4g 5b 6f 7c

2. en, del, hay, hay, tienes, puertas, detrás, dos, cerca, detrás.

3. negro, amarillo, gris, azul, blanco, verde, marrón, rojo, naranja.

4. 1. tienda 2. servicio 3. vestíbulo 4. huevo 5. gimnasio.

5. 1. trabaja 2. viven 3. hablan 4. como 5. jugamos 6. trabaja 7. escribe 8. viajamos.

6. 1. ¿Hay (una) ducha en el cuarto de baño? Sí, hay. 2. ¿Hay (una) lavadora en la cocina? No, no hay. 3. ¿Hay huevos en el frigorífico? Sí, hay. 4. ¿Hay restaurantes en Villaverde? Sí, hay. 5. Hay mujeres en oficina? No, no hay. 6. Hay una alfombra verde en la sala de estar? Sí, hay.

7. 1. piscina 2. gimnasio 3. teléfonos públicos 4. cafetería 5. librería 6. agencia de viajes 7. sofás, sillas y mesitas 8. aseos 9. restaurante.

8. 1. ¿Cuántos dormitorios hay? 2. ¿Hay lavadora? 3. ¿De qué color es la sala de estar? 4. ¿Dónde está el garaje? 5. ¿Hay árboles en el jardín? 6. ¿Dónde está el jardín?

Lektion 4

1. cinco-zapato-ciudad; como-quién-queso; cuatro-cuánto-cuál; gato-gracias-gusta; japonés-gerente-general; chocolate-churro-chico.

2. 1. Juan Carlos está todavía en la cama. 2. Juan Carlos tiene el periódico de Felipe. 3. Felipe está listo. 4. A Felipe le gustan los churros con chocolate. 5. A Linda no le gustan. 6. Linda está de régimen.

3. 1. Son las siete. 2. Son las tres y media. 3. Son las once. 4. Son las seis y media.

4. 1. A las siete y media está en el baño. 2. A las ocho y media está en su coche. 3. A las nueve está en su oficina. 4. A la una y media está en el restaurante. 5. A las siete y media está en el gimnasio. 6. A las nueve y media está delante del televisor.

5. 1. me 2. le 3. le 4. les 5. nos 6. te 7. le.

6. 1. gustan 2. gusta 3. encanta 4. gusta 5. encantan 6. gustan

7. c e a d f b h g

8. 1. ¿A Carmen le gusta ir de compras? Sí, le gusta muchísimo. 2. ¿A Pedro y Carmen les gusta la natación? Sí, les gusta mucho. 3. ¿A Cristina le gusta la natación? Sí, le gusta bastante. 4. ¿A Carmen le gusta bailar? No, no le gusta en absoluto. 5. ¿A Carmen le gusta el tenis? No, no le gusta nada. 6. ¿A Pedro le gusta ir al bar? Sí, le encanta. 7. Freie Antworten

Lektion 5

1. 1c 2e 3a 4f 5h 6b 7g 8d
2. juego, juego, aprendo, aprendo, lees, preparas, veo, visito, ceno, salgo, salgo.
3. a. leer b. conducir/viajar c. ver/mirar d. tocar e. ducharse/tomar una ducha f. escribir.
4. (Mögliche Antwort) levantarse, ducharse/bañarse, desayunar, ir al trabajo, empezar el trabajo, almorzar, terminar el trabajo, preparar la cena, leer el periódico, ver la televisión, acostarse.
5. 1. Siempre juego al fútbol los sábados. 2. (A menudo) Ana visita a sus padres (a menudo). 3. Generalmente Emilio va al trabajo en su coche. 4. Yo generalmente/Generalmente yo no bebo vino tinto. 5. (A veces) Cristina va al gimnasio (a veces) los viernes. 6. Linda nunca come carne.
6. 1. van 2. va 3. vas 4. vivimos 5. come 6. conduce.
7. a las, al, a las, a, a las, a, a, al, a, a la, a, a, al, a las.
8. Freie Antworten

Lektion 6

1. 1c 2f 3d 4h 5a 6g 7b 8e
2. 1. Le gustan el azul, el gris y el negro. 2. No, no le gusta. 3. Cuesta 11.000 (once mil) pesetas. 4. Quiere una camisa de algodón. 5. No, no (las) tiene. 6. No, no la conoce.
3. 1. camisa 2. suéter 3. calcetines 4. falda 5. corbata 6. vaqueros 7. zapatos 8. chaqueta 9. blusa 10. abrigo.
4. 1. mil pesetas 2. mil doscientas pesetas 3. dos mil setecientas pesetas 4. cinco mil novecientas noventa y cinco pesetas 5. siete mil ochocientas setenta y cinco pesetas 6. cien pesos 7. doscientos ochenta y tres pesos 8. cuatrocientos sesenta y cinco pesos 9. ciento veinte pesos 10. quinientos pesos.
5. 1. cuestan 2. tiene 3. quiere 4. quiero, prefiero 5. prefiere 6. piensas 7. cuesta 8. duermo 9. vuelvo.
6. 1. aquéllos 2. aquella 3. esta 4. estos 5. esa 6. esto.
7. gusta, detesta, gusta, va, compra, vuelve, prepara, está, come, cocinan, van.
8. 1. ¿Qué talla quiere? 2. ¿Cuánto cuesta/es/vale? 3. ¿De qué color es? 4. ¿Cuánto cuestan/son/valen? 5. ¿En qué puedo servirle/la? 6. ¿Dónde están las corbatas?

Lektion 7

1. 1e 2g 3c 4a 5h 6b 7f 8d
2. cerca, ve, allí, encima, a, está, delante, o, conmigo, dónde, quién
3. 1. primero 2. segundo 3. tercero 4. cuarto 5. quinto 6. sexto 7. séptimo 8. octavo 9. noveno 10. décimo.
4. 1. la biblioteca 2. Correos 3. la piscina 4. el banco 5. el supermercado 6. la carnicería 7. el restaurante 8. el bar.
5. 1. en 2. a 3. a 4. a 5. en 6. en 7. a 8. en.
6. 1. Siga todo recto en el cruce/En el cruce siga todo recto. 2. Tuerza a la derecha delante del museo/delante del museo tuerza a la derecha. 3. Tome la segunda calle a la izquierda. 4. Vaya hasta el final de la calle. 5. Cruce la plaza y el museo está delante de Vd.
7. 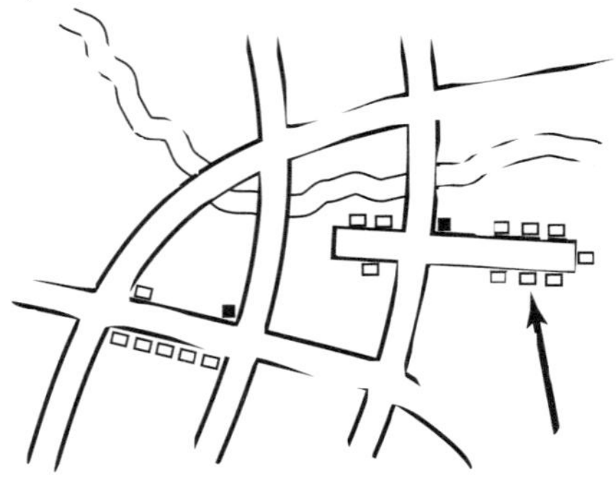
8. ¿Cuándo está abierta la biblioteca? De lunes a viernes está abierta desde las diez de la mañana hasta las ocho de la noche, y los sábados de las diez de la mañana hasta la una de la tarde. Está cerrada los domingos. 2. ¿Cuándo está abierto Correos? De lunes a viernes está abierto desde las nueve de la mañana hasta las siete y media de la tarde/noche, y los sábados desde las nueve hasta las doce y media. Los domingos está cerrado. 3. ¿Cuándo está abierto el Restaurante Cádiz? Está abierto desde las siete y media de la tarde/noche hasta medianoche/las doce los lunes, miércoles, jueves y viernes y hasta las doce y media de la noche los sábados. Está cerrado los martes y los domingos.

Lektion 8

1. 1d 2g 3e 4f 5b 6a 7h 8c
2. pasó, reñimos, reñisteis, vio, preguntó, dije, entendió, dije, fui, tuviste, fue, llegué, vio.
3. 1. gimnasio 2. puente 3. voy 4. comió 5. sólo
4. 1. natación 2. Correos 3. jugué 4. comió 5. qué.
5. ustedes, niños jóvenes, estos hombres, mujeres bonitas, coches japoneses, profesoras inglesas, ciudades españolas, aviones rápidos, lápices grises, aquellos trenes.
6. 1. eran 2. estaba 3. era 4. estaba 5. era 6. era.
7. 1. fuiste/fue Vd 2. viste/vio Vd 3. comió Juan Carlos 4. faldas compraste/compró Vd 5. fueron las chicas 6. se levantó Emilio.
8. 1. Le/lo vio en la calle del Puente. 2. Estaba con una mujer. 3. Sí, la vieron. 4. Fue/volvió a casa. 5. (Llamó) a su madre. 6. Emilio la llamó.
9. 1. ¿Qué hizo Rosa el viernes por la tarde? Visitó a sus padres. 2. ¿Qué hizo Emilio el sábado por la mañana? Se encontró con Pepe. 3. ¿Qué hizo Felipe el sábado por la tarde? Fue al gimnasio. 4. ¿Qué hizo Ana el domingo por la noche? Fue al bar con Susana. 5. ¿Qué hizo Susana el viernes por la noche? Vio/miró la tele(visión).

Lektion 9

1. 1d 2g 3h 4b 5a 6c 7f 8e
2. fui, divertí, alojaste, fue/era, gustan, me divertí, comí, bebí, bailé, encontré, hice, pasé/pasamos, hizo, dimos, nadamos, visitamos, preparasteis, cocinamos, comimos, encontramos.

3. 1. mil novecientos ochenta y cinco 2. mil novecientos sesenta 3. mil ochocientos ochenta y uno 4. mil novecientos noventa y cinco 5. mil setecientos 6. mil novecientos setenta y ocho 7. mil novecientos noventa 8. dos mil uno.

4. 1.bicicleta 2.autobús 3.coche 4.avión 5.taxi 6.motocicleta 7. autocar 8.caballo.

5. Pretérito: comiste, nadó, bebió, vivimos, visteis, tuvieron, llegaron.

   Presente: vas/eres, escribe, sale, estamos, bailáis, dicen, hacen.

6. 1d 2e 3g 4f 5c 6a 7b

7. 1. ¿Cuándo/en qué año nació Cristina? 2. ¿Cuándo/en qué año vino su familia a España. 3. ¿Dónde vivieron? 4. ¿Dónde/en qué ciudad fue a la universidad? 5. ¿Qué estudió? 6. ¿Cuándo/en qué año se casó con Felipe?

8. 1.¿Telefoneó al camping? 2.¿Compró provisiones? 3.¿Lavó el coche? 4. ¿Fue al banco? 5.¿Limpió las botas para caminar? 6.¿Comprobó la tienda?

Lektion 10

1. 1f 2e 3b 4a 5c 6g 7d

2. 9–3–8–2–6–1–12–7–11–5–4–13–10

3. Obst: manzana, plátano, limón, naranja, fresa. Gemüse: lechuga, patata, guisantes, judías, zanahorias, cebolla. Fleisch: pollo, cordero, bistec, jamón, cerdo, salchichas, chorizo.

4. 1c 2e 3a 4g 5d 6b 7h 8f

5. 1.enséñeme 2.ponga 3.deme 4.tome 5.tráiganos 6.esperen

6. 1. La cerveza está a 150 pesetas la botella. 2. La mantequilla está a 175 pesetas el paquete. 3. Los bombones están a 750 pesetas la caja. 4. El pan está a 30 pesetas la barra. 5. Las alubias están a 70 pesetas la lata. 6. El puré de tomate está a 95 pesetas el tubo. 7. El agua mineral está a 60 pesetas el litro. 8. Las zanahorias están a 35 pesetas el medio kilo.

7. 1. ¿Quiénes riñeron ayer? Cristina y Felipe. 2. ¿Felipe hace ejercicio/hace ejercicio Felipe? No, no lo hace. 3. ¿Come mucho desayuno? Sí, mucho. 4. ¿Quién compra cerveza y hamburguesas? Felipe. 5. ¿Suele jugar a menudo al tenis? No, no suele. 6. ¿Cuándo tiene cincuenta años? El año que viene.

8. 1. Rosa toma zumo de naranja, yogur y tostadas para el desayuno, y para el almuerzo toma un bocadillo. 2. Felipe toma huevos, salchichas, tostadas y café o té para el desayuno, y para el almuerzo toma una hamburguesa o una pizza.

Lektion 11

1. 1d 2g 3i 4h 5b 6a 7e 8f 9c

2. escribir a máquina, utilizar, hablar, hablar, conducir, conducir, conducir, montar, enseñar, vivir, empezar.

3. 1. ¿Sabe Vd hablar francés? 2. ¿Sabe Vd escribir a máquina? 3. ¿Sabe Vd cocinar? 4. ¿Sabe Vd conducir? 5. ¿Sabe Vd cantar?

4. enfermera, periodista, ingeniero, cartero, guardia, cocinero, piloto, médico, camarero, dentista, pintor, bombero.

5. 1. ¿A dónde va Rosa? 2. ¿Cuándo va? 3. ¿Por qué va allí? 4. ¿Dónde se aloja? 5. ¿Cómo es el hotel? 6. ¿Quién va con ella?

6. 1e 2d 3a 4h 5g 6b 7c 8f

7. 1. porque tiene un nuevo trabajo. 2. porque está muy ocupada. 3. porque no estaba en casa. 4. porque hace frío y siempre llueve.

8. 1. ¿Sabe Felipe hablar inglés? Sí, sabe hablar muy bien. 2. ¿Sabe Juan Carlos hablar inglés? No, no sabe hablar inglés. 3. ¿Sabe Cristina esquiar? Sí, sabe esquiar un poco. 4. ¿Saben Juan Carlos y Linda esquiar? No, no saben esquiar en absoluto. 5. ¿Sabe Juan Carlos jugar al tenis? Sí, sabe jugar muy bien. 6. ¿Sabe Linda hablar inglés? Sí, sabe hablar un poco.

Lektion 12

1. 1g 2e 3h 4a 5c 6b 7f 8d

2. 1b 2a 3b 4c 5b 6c

3. 1. primero 2. cuatrocientas cincuenta pesetas 3. dieciséis 4. sesenta 5. diez mil quinientos 6. tercero 7. mil novecientos noventa y siete 8. setecientas setenta y cinco pesetas.

4. 1. frío 2. nunca 3. bueno 4. blanco 5. abierto 6. fácil 7. cerca 8. tía 9. ¡adiós!/¡hasta luego! 10. casado 11. mujeres 12. invierno.

5. 1. ¿Cuánto cuestan? 2. ¿Cuándo la compraste/compró Vd? 3. ¿A qué hora/cuándo se cierra? 4. ¿De qué color es? 5. ¿Cuántos años/qué edad tiene? 6. ¿Tienes/tiene Vd hijos?

6. 1. tuve 2. hiciste 3. hablamos 4. dijo 5. nadé 6.vinieron 7. fue 8. esperaron 9. bebisteis 10. condujo.

7. 1. No fuimos de compras ayer. 2. La casa no tiene jardín. 3. No le gusta mucho su nuevo trabajo. 4. No compré manzanas esta mañana. 5. Nunca se levanta/no se levanta nunca a las siete. 6. No hicieron camping el año pasado.

8. 1. ¿Qué número de zapatos quiere? 2. ¿La sección de caballeros está en la tercera planta? 3. Nuestra casa es la segunda a la derecha. 4. Cristina y su familia se alojaron en un hotel. 5. ¿Hay queso en el frigorífico? 6. No puedo jugar al tenis porque estoy ocupado.

9. 1. es = está 2. tengo = tiene 3. jugo = juego 4. en = a 5. mí = yo 6. está = es.

10. 1. arroz 2. café 3. guisantes 4. pescado 5. leche 6. cebollas 7. harina 8. vino 9. patatas 10. salchichas 11. zanahorias

Lektion 13

1. 1f 2d 3b 4h 5a 6g 7c 8e

2. 1. richtig 2. falsch 3. richtig 4. falsch 5. falsch 6. richtig

3. 1. contento/feliz 2. viejo 3. caro 4. corto 5. moreno 6. bajo 7. pequeño 8. ligero.

4. 1. la nariz 2. la boca 3. la barbilla 4. el pelo 5. el ojo 6. la oreja 7. los dientes/las muelas 8. el cuello.

5. 1. Felipe es más gordo que Emilio. 2. Rosa es más joven que Emilio 3. Madrid es más grande que Salamanca. 4. El español es más fácil que el japonés. 5. Cristina es más bonita que Rosa. 6. Esta falda es mejor que aquélla.

6. 1. Emilio es el periodista más listo de la compañía. 2. Linda es la chica más delgada de su clase. 3. Sevilla es la ciudad más calurosa de España. 4. Esta camisa es la más bonita de la tienda. 5. Estos zapatos son los más caros de la zapatería.

7. misma, más, alto, largo, ojos, llevo, tengo.

8. 1. Simón pesa más. 2. Susana pesa menos. 3. Simón es el mayor. 4. Esteban es el más alto. 5. Esteban es más joven que Susana. 6. Simón y Susana son más bajos que Esteban. 7. Esteban y Simón tienen el pelo más moreno que Susana. 8. Simón tiene el pelo más corto.

Lektion 14

1. 1c 2f 3e 4b 5a 6d

2. haciendo, llamando, trabajando, viviendo, viviendo, visitando, haciendo, lavando, limpiando, escuchando, trabajando

3. 1. está caliente 2. trabajando 3. ahora 4. semana 5. paraguas 6. procesador de textos.

4. 1. cantando 2. visitando 3. lavando 4.leyendo 5. llamando 6. trabajando 7. escribiendo 8. nadando. 9. COLOMBIA

5. 1. me ducho, estoy bañándome/me estoy bañando. 2. compra, está comprando. 3. conduce, está conduciendo. 4. viajo, estoy viajando. 5. prepara, está preparando. 6. están patinando, patinan.

6. 1. ¿Qué está bebiendo? 2. ¿Está trabajando? 3. ¿Cuántas personas hay en el grupo? 4. ¿Cuándo llamó a sus amigos? 5. ¿Cuántos niños/hijos tienen? 6. ¿Dónde trabaja/está trabajando Marisol? 7. ¿Está trabajando Pablo?

7. 1. Cristina no está preparando el desayuno, está preparando la cena. 2. Juana no está escribiendo una tarjeta postal, está escribiendo una carta. 3. Emilio y su amigo no están bebiendo vino, están bebiendo cerveza. 4. Juan Carlos no está trabajando como camarero, está trabajando como cartero. 5. Linda no está esquiando, está patinando. 6. Papá no está leyendo una revista, está leyendo un periódico.

Lektion 15

1. 1d 2g 3e 4f 5a 6b 7c

2. 1. espera un momento 2. perdona la molestia 3. creo que sí 4. claro 5. no importa 6. ¿vale? 7. a propósito 8. no sé

3. 1. veintitrés de febrero 2. catorce de diciembre 3. veintiuno de enero 4. treinta de abril 5. veinticuatro de junio 6. treinta y uno de marzo 7. doce de octubre 8. uno/primero de mayo 9. once de noviembre 10. diecinueve de agosto 11. siete de julio 12. dos de setiembre.

4. 1. cine 2. teatro 3. restaurante 4. baile 5. fiesta 6. discoteca 7. concierto 8. museo

5. 1. Sí, se la mandé ayer por la mañana. 2. Sí, se la escribí la semana pasada. 3. Sí, se lo regalé para su cumpleaños. 4. Sí, se los di el otro día. 5. Sí, se lo mandé anoche. 6. Sí, se lo describí en detalle.

6. 1. ¿A qué hora van Emilio y Pepita a ir al cine hoy? 2. ¿Cuánto tiempo Rosa va a quedarse en Méjico esta vez? 3. ¿Qué sueles (tú) hacer los fines de semana? 4. ¿Felipe suele lavar el coche los domingos? 5. ¿Qué van a ver Cristina y Felipe al teatro hoy?

7. 6–8–2–7–3–5–1–9–4

8. 1. Lo siento, pero martes por la tarde voy a visitar a mi madre. 2. Lo siento, pero el día cinco por la tarde voy a jugar al golf. 3. Lo, siento pero el jueves todo el día voy a cuidar a los niños. 4. Lo siento, pero el día siete voy a pintar el cuarto de baño. 5. Lo siento, pero el sábado por la mañana voy a llevar a los niños al teatro. 6. Lo siento, pero el domingo por la mañana voy a ir a misa.

Lektion 16

1. 1f 2h 3i 4a 5b 6e 7d 8c 9g

2. un, x, la, los, la, al, al, el, el, x, la, x, un, x.

3. Lernen: el francés, la guitarra, la mecanografía. Ansehen: el fútbol, la televisión, películas, una pintura, una obra de teatro, un vídeo, una foto. Benutzen: un teléfono, un calendario, una máquina fotográfica, la cocina, un ordenador, un reloj, el dinero.

4. 1. hago 2. tengo 3. traigo 4. oigo 5. salgo 6. conduzco 7. pongo 8. sé.

5. 1. ¿Me permite Vd poner la radio? 2. ¿Me permite leer su periódico? 3. ¿Me permite utilizar su máquina fotográfica? 4. Se puede sentar ahí? 5. ¿Me permite cerrar la ventana? 6. Me permite/se puede abrir la puerta?

6. a5, b4, c1, d6, e3, f2

7. 1. Cuántas veces va a la piscina? 2. ¿Cuántas veces hace camping? 3. ¿Cuántas veces va al dentista? 4. ¿Cuántas veces tiene clase de baile? 5. ¿Cuántas veces viene su madre?

8. Freie Antworten

Lektion 17

1. 1f 2g 3b 4e 5a 6c 7d

2. 8–5–7–1–9–2–6–4–10–3

3. 1. Van a chocarse. 2. Va a llover. 3. Va a caerse. 4. Va a echar una carta (al correo). 5. Va a llegar tarde. 6. Va a romperse. 7. Va a abrir la puerta.

4. 1. oyó 2. ir 3. decirle 4. viste 5. traer 6. entiendo.

5. 1. ¿De verdad? ¿Qué tipo (de coche) va a comprar? 2. ¿De verdad? ¿De qué color van/vais a pintarlo? 3. ¿De verdad? ¿Qué vais/van a ver? 4. ¿De verdad? ¿Adónde van a vivir? 5. ¿De verdad? ¿A quiénes va a invitar? 6. ¿De verdad? ¿Cuándo vas a empezar?

6. 1. nadie 2. algo 3. ninguna parte 4. alguien 5. alguna parte 6. algo 7. alguien 8. nada.

7. 1. No, voy a tener problemas con los colegas al principio del mes or Voy a tener problemas con el dinero al fin del mes. 2. No, va a haber noticias de un viejo amigo/una vieja amiga. 3. No, va a tener celos.

4. No, va a haber disputas con mi compañero/a. 5. No, va a ser un mes ocupado. 6. Sí, voy a necesitar mucho ejercicio.

8. 1. No voy a aprender la guitarra, voy a aprender el piano. 2. No voy a hacerme profesora, voy a hacerme ingeniera. 3. No voy a vivir en el Canadá, voy a vivir en el Brasil. 4. No voy a conducir un Rolls Royce, voy a conducir un Porsche. 5. No voy a ser hermosa, voy a ser rica. 6. No voy a tener perros, voy a tener caballos.

Lektion 18

1. 1c 2d 3e 4a 5f 6b

2. ida y vuelta, vuelven, cuántos son, incluido, sale, andén, quedarme, debes.

3. 1. Emilio quiere quedarse en Pontevedra hoy. 2. Va a ver a sus amigos. 3. Ya no quiere a Rosa, pero no quiere a Juana tampoco. 4. Juana va a llevar a Emilio a Granada para presentarle a sus padres. 5. los padres de Juana tienen tres perros.

4. 1. en 2. en 3. a 4. a 5. en

5. 1. ida 2. andén 3. restaurante 4. doble 5. parada 6. desayuno 7. billetes 8. crédito 9. tren 10. noches 11. AEROPUERTO

6. Perdone Vd, 1. ¿cuál? 2. ¿(para) dónde? 3. ¿quién? 4. ¿cuánto? 5. ¿de qué andén?/¿cuál? 6. ¿a qué hora.

7. 1. ¿Podría Vd hablar más despacio, por favor? 2. ¿Podría Vd darme dos de ida y vuelta para Alicante? 3. ¿Podría Vd decirme cómo se va a la estación? 4. ¿Podría traerme un vaso de agua, por favor?

8. Möglichkeit: Todos en el grupo se enfadaron. No había habitaciones dobles o con dos camas. No había duchas. Las habitaciones estaban sucias, y la comida en el restaurante no estaba buena. No podía buscar otro hotel – era demasiado tarde. Tuve una disputa con el gerente – no era un hombre muy simpático. Todos volvemos a España mañana. El vuelo llega a Madrid-Barajas a las 14.30.

9. 1. – ¿Puede decirme a qué hora sale el próximo tren de Vigo a Santiago? – Sí. Sale a las siete dieciocho. – Y ¿cuándo llega? – Llega a las nueve cinco.

   2. – ¿Puede decirme a qué hora sale el próximo tren de Vigo a La Coruña? – Sí. Sale a las nueve cincuenta y ocho. – Y ¿cuándo llega? – Llega a las doce cincuenta y cinco.

Lektion 19

1. 1d 2f 3a 4e 5b 6c

2. fue, pareces, pasé, estoy, pasa, duele, pude/podía, puedo, llevó, comí, cocina, estuve, quiero.

3. 1 c.estómago 2 g.cabeza 3 a.muñeca 4 i.pierna 5 f.mano 6 d.rodilla 7 e.tobillo 8 j.pie 9 b.codo 10 h.cuerpo

4. 1. parece 2. miras 3. parece 4. buscó 5. buscando 6. parecía 7. mire 8. buscar.

5. 1. ¿Por qué no tomas aspirinas? 2. ¿Por qué no vas al dentista? 3. ¿Por qué no te pones un suéter? 4. ¿Por qué no ves al médico? 5. ¿Por qué no te acuestas temprano?

6. 1. Cuando me aburro voy al bar/Voy al bar cuando me aburro. 2. ¿Por qué no ves a un médico? 3. Emilio no se parece a su hermano. 4. Voy a hacerme socio de aquel nuevo club deportivo. 5. Usted no parece muy bien hoy. 6. Tengo fiebre y me duele la cabeza/me duele la cabeza y tengo fiebre.

7. 1. Sí, comía mucho. 2. No, no adelgazó. 3. No, se siente mal porque no puede dormir. 4. Sí. Son importantes 5. No. Conoces a mucha gente interesante. 6. No. Te pones mejor.

8. 1. Cuando hacía camping en Galicia, llovió todos los días. 2. Cuando estaba en la universidad, llevaba gafas. 3. Cuando vivía en Madrid, hacía footing todos los días. 4. Cuando trabajaba como jardinero, estaba en buena forma. 5. Cuando trabajaba como camarero, me puse muy gordo. 6. Cuando estaba de vacaciones en Francia, tuve la gripe.

Lektion 20

1. 1e 2f 3h 4a 5c 6g 7b 8d

2. 1. verdad 2. mentira 3. verdad 4. verdad 5. mentira 6. mentira

3. 1. desde 2. desde 3. desde hace 4. desde 5. desde hace.

4. 1. ...la comida japonesa 2. ... a caballo 3. ...a un festival de jazz 4. ...la guitarra 5. ...en Montevideo 6. ...el vino chileno 7. ...la pierna 8. ...en un almacén grande.

5. trabajado, abierto, bebido, caído, dado, dicho, escrito, escuchado, frito, hablado, hecho, ido, llegado, mirado, oído, puesto, roto, salido, sido, vivido, vuelto.

6. 1. hemos estado 2. fuiste 3. viví 4. estás 5. conozco 6. ha lavado 7. me he olvidado 8. salió 9. es.

7. recibido, vivo, oído, paró, dormirse, quejado, escrito, encanta

8. 1. ¿Has lavado el coche ya? Sí, ya lo he lavado. 2. ¿Has hecho la compra ya? Sí, ya la he hecho. 3. ¿Has barrido el suelo ya? No, no lo he barrido todavía. 4. ¿Has fregado los platos ya? No, no los he fregado todavía. 5. ¿Has hecho los bocadillos ya? Sí, ya los he hecho. 6. ¿Has echado las cartas al correo ya? No, todavía no las he echado. (Todavía in 3, 4 und 6 kann dem Verb vor-oder nachgestellt werden.)

Lektion 21

1. 1d 2e 3a 4b 5g 6h 7c 8f

2. veo, ver, he oído, trabajo, gusta, estado, haciendo, trabajando, vi, pasando, vi, haciendo, charlando, preguntarle, sentado, frotando, parecía, hablando.

3. 1. encontrar/hallar 2. preguntar 3. vender 4. venir 5. aprender 6. dar/regalar 7. acordarse/recordar 8. dormirse

4. 1. ¿De verdad? ¿Desde cuándo lo estudias? 2. ¿De verdad? ¿Desde cuándo vive allí? 3. ¿De verdad? ¿Desde cuándo la enseña? 4. ¿De verdad? ¿Desde cuándo los compra y vende? 5. ¿De verdad? ¿Desde cuándo juegan?

5. 1. Lo encontré cuando estaba limpiando el armario. 2. Me lo rompí cuando estaba esquiando en Los Portillos. 3. Se casaron cuando estaban viviendo en Santiago de Chile. 4. Llamó cuando estaba hablando con un cliente. 5. Lo perdió cuando estaba visitando a sus padres. 6. Lo tuve cuando estaba viajando a Panamá.

6. 7–3–6–9–8–2–4–1–5

7. 1. Estaba leyendo un periódico. 2. Estaba comiendo una hamburguesa. 3. Sí. 4. Estaba sentado en un sofá. 5. Estaban jugando debajo de la mesa. 6. Estaba llorando. 7. Estaba agitando una cuchara. 8. Estaba sobre/en la mesa. 9. Estaba comiendo un pescado.

Lektion 22

1. gustar-encantar, vale-bien, gordo-grueso, irse-marcharse, probablemente-a lo mejor, volver-regresar, empezar-comenzar, hablar-charlar, mirar-ver, entonces-pues

2. 1. ¿Adónde quiere ir Felipe? 2. ¿Llevarán a los niños? 3. ¿(A los niños) les gusta andar? 4. ¿Cuántos años/qué edad tienen (los niños)? 5. ¿Qué comerán? 6. ¿Son tontos/estúpidos los niños?

3. 1. tuerzo – manivela 2. empujo – interruptor 3. tiro de – palanca 4. tuerzo – llave 5. empujo – botón

4. 1. cansado 2. gorda 3. sed 4. hambre 5. borracho 6. frío.

5. 1. para 2. de 3. sin 4. para 5. sin 6. al 7. sin 8. al

6. 1. se 2. se 3. os 4. me 5. te 6. nos 7. se 8. me

7. Einladung 1: 1–4–6–7–9–12–13. Einladung 2: 2–3–5–8–10–11–14.

8. 1. A lo mejor bailarán toda la noche. 2. A lo mejor comerán hamburguesas para el desayuno. 3. A lo mejor no arreglarán sus cuartos/dormitorios . 4. A lo mejor no irán de paseo con el perro. 5. A lo mejor dormirán hasta las 12. 6. A lo mejor pasarán todo el día viendo la televisión.

Lektion 23

1. 1g 2h 3e 4a 5b 6d 7c 8f

2. 1. Dijo que se iba de Pontevedra y que iba a Costa Rica. 2. Pregunté por qué se iba. 3. Dijo que tenía demasiados problemas aquí. 4. Pregunté qué clase de problemas tenía. 5. Dijo que tenía toda clase de problemas. 6. Dijo que no le gustaba su trabajo, que su jefa no le/lo quería, y que tenía demsasiados problemas con sus amigas. 7. Pregunté qué iba a hacer en Costa Rica. 8. Dijo que todavía no (lo) sabía. 9. Me preguntó qué hacía el viernes por la noche. 10. Dije que no hacía nada. 11. Le pregunté por qué. 12. Dijo que tenía dos entradas para el teatro.

3. 1c 2g 3e 4f 5d 6a 7b

4. 1d 2h 3a 4c 5f 6g 7e 8b

5. 1. Felipe le preguntó si hacía frío fuera. 2. Le preguntó si le gustaba el cine. 3. Felipe preguntó a su amigo si quería vino. 4. Emilio (le) preguntó a Rosa si iba a ir al teatro. 5. Le preguntó si estaban bien sus padres.

6. 1. ¿Qué haces este fin de semana? 2. Voy a una fiesta. 3. ¿Dónde está la fiesta? 4. Está en Villaverde. Va a ser una fiesta fantástica. 5. ¿Por qué va a ser una fiesta fantástica? 6. Los padres de mi amiga van a estar fuera durante el fin de semana. 7. ¿Cómo se llama tu amiga? 8. Se llama Linda, y su hermano se llama Juan Carlos.

7. 1. Se dice ¿Por favor, cómo se va a la estación? 2. Se dice ¡Buenas noches!. 3. Se dice ¿Se puede?. 4. Se dice ¿A qué hora se cierra la biblioteca? 5. Se dice ¿Cuántos años/qué edad tiene(s)? 6. Se dice ¿Quisieras/te gustaría ver una película esta noche?

Lektion 24

1. 1. mucho 2. sucio 3. salir/irse 4. temprano/mañana 5. diferente 6. nunca 7. débil 8. bien 9. vender 10. buscar

2. 1. pendientes 2. cerrado 3. zanahoria 4. asqueroso 5. rápidamente 6. casada 7. perdón 8. mañana 9. refresco 10. emborrachado 11. difícil 12. niebla 13. esquiar

3. 1. volverá 2. has visto 3. encontrará 4. vamos 5. estaba trabajando, viajé 6. ponga 7. vive 8. terminar

4. 'k': clima, quince, quinientos, quién, clase, compra, qué, como, claro, color, casi, caro; 'kw': cuándo, cuatro, cuarto, cuenta, cuidar; 's': cincuenta, cero, cerrado; 'tch': churros, chino, chico, chaqueta, chocolate.

5. 1. muy>más 2. para>a 3. va>ir 4. por qué > porque 5. en>el 6. pongan>ponga 7. algo>nada 8. desde>desde hace.

6. 1. corbata 2. guantes 3. reloj 4. chaqueta 5. pendientes 6. zapatos 7. camisa 8. máquina fotográfica 9. suéter 10. vaqueros 11. calcetines.

7. 1. Tengo que llamarle todavía 2. Ya lo he limpiado 3. Ya los he limpiado 4. Tengo que echarlas todavía. 5. Sí, he ido a la biblioteca 6. Sí, he salido con el perro.

8. Hoy es martes. Generalmente hace/ha hecho mucho calor, pero hoy llueve/está lloviendo. El hotel es estupendo: es pequeño y tranquilo, tiene una gran piscina y dos restaurantes. Hay (hemos conocido) a muchas personas interesantes. Nos bañamos todos los días. Es difícil hacer la compra porque ¡no hablamos el idioma! Pero la gente es muy simpática y la comida (es) excelente. Volvemos a casa el sábado. ¡Hasta luego! Felipe y Cristina.

9. Freie Antworten

Grammatik auf einen Blick

Hinweis: Dieser grammatikalische Nachschlageteil gibt nur einen zusammengefassten Überblick der im Buch verwendeten Formen und Strukturen.

VERBEN

Regelmäßige Verben

Die spanischen Verben sind in drei Gruppen unterteilt, entsprechend ihren Endungen *-ar*, *-er* und *-ir*.

COMPRAR	COMER	VIVIR
Präsens		
compro	como	vivo
compras	comes	vives
compra	come	vive
compramos	comemos	vivimos
compráis	coméis	vivís
compran	comen	viven
Partizip Präsens		
comprando	comiendo	viviendo
Gerundium		
estoy comprando	estoy comiendo	estoy viviendo
Imperativ		
(no) compre Vd	(no) coma Vd	(no) viva Vd
(no) compren Vds	(no) coman Vds	(no) vivan Vds
Pretérito Indefinido (Historisches Perfekt)		
compré	comí	viví
compraste	comiste	viviste
compró	comió	vivió
compramos	comimos	vivimos
comprasteis	comisteis	vivisteis
compraron	comieron	vivieron
Imperfekt		
compraba	comía	vivía
comprabas	comías	vivías
compraba	comía	vivía
comprábamos	comíamos	vivíamos
comprabais	comíais	vivíais
compraban	comían	vivían

COMPRAR	COMER	VIVIR
Progressivform Imperfekt		
estaba comprando	estaba comiendo	estaba viviendo
Perfekt		
he comprado	he comido	he vivido
has comprado	has comido	has vivido
ha comprado	ha comido	ha vivido
hemos comprado	hemos comido	hemos vivido
habéis comprado	habéis comido	habéis vivido
han comprado	han comido	han vivido
Futur		
Der Infinitiv dient normalerweise als Futurstamm.		
compraré	comeré	viviré
comprarás	comerás	vivirás
comprará	comerá	vivirá
compraremos	comeremos	viviremos
compraréis	comeréis	viviréis
comprarán	comerán	vivirán

Verben mit veränderlichem Vokalstamm

Gruppe 1

Die Stammänderungen sind *e > ie* oder *o > ue (jugar: u > ue)* im Präsens und Imperativ.

PENSAR	VOLVER	JUGAR
Präsens		
pienso	vuelvo	juego
piensas	vuelves	juegas
piensa	vuelve	juega
pensamos	volvemos	jugamos
pensáis	volvéis	jugáis
piensan	vuelven	juegan
Imperativ		
piense Vd	vuelva Vd	juegue Vd
piensen Vds	vuelvan Vds	jueguen Vds

Außerdem: *acordarse, acostarse, almorzar, atender, cerrar, comenzar, comprobar, contar, doler, empezar, encender, entender, encontrar, llover, nevar, recordar, sentarse.*

Gruppe 2

Hier gelten dieselben Regeln wie für Gruppe 1, ebenso *e > i,* und *o > u* im Gerundium, und die dritten Personen des Pretérito. Dazu gehören:

SENTIR	DORMIR
Partizip Präsens	
sintiendo	durmiendo
Pretérito	
sentí	dormí
sentiste	dormiste
sintió	durmió
sentimos	dormimos
sentir	dormir
sentisteis	dormisteis
sintieron	durmieron

Außerdem: divertirse, preferir.

Gruppe 3

Wo immer sich Formen der Gruppe 2 verändern, gilt *e > i*. Die Verben in diesem Übungsbuch sind: *reír, reñir, repetir, seguir, servir.*

Unregelmäßige Verben

Viele dieser Verben haben ein *pretérito grave*, d.h., die Endungen der ersten und dritten Person Singular werden nicht betont. Verben, die diesem Muster folgen, sind mit (pg) gekennzeichnet.

conducir:	Präsens: conduzco, conduces, etc. Pretérito: conduje, etc. (pg).
dar:	Präsens: doy, das, etc. Pretérito: di, diste, dio, etc.
decir:	Präsens: digo, dices, dice, dicen Imperativ: diga/n Pretérito: dije, dijiste, dijo, dijeron (pg).
estar:	Präsens: estoy, estás, está, estamos, estáis, están Pretérito: estuve, etc. (pg)
hacer:	Präsens: hago, haces, etc. Imperativ: haga/n Pretérito: hice, hiciste, hizo, hicimos etc. (pg) Partizip Perfekt: hecho.
ir:	Präsens: voy, vas, va, vamos. vais, van Imperativ: vaya/n Pretérito: fui, fuiste, fue, fuimos, fuisteis, fueron Imperfekt: iba, etc.
oír:	Imperativ: oiga/n
poder:	Präsens: puedo, etc. Pretérito: pude, etc. (pg)
poner:	Präsens: pongo, pones, etc. Imperativ: ponga/n Pretérito: puse, etc. (pg).
romper:	Partizip Perfekt: roto
saber:	Präsens: sé, sabes, etc.
salir:	Präsens: salgo, sale, etc.
ser:	Präsens: soy, eres, es, somos, sois, son Pretérito: fui, fuiste, fue, fuimos, fuisteis, fueron Imperfekt: era, etc.

tener:	Präsens: tengo, tienes, tiene, tenemos, tenéis, tienen Imperativ: tenga/n Pretérito: tuve, etc. (pg).
traer:	Präsens: traigo, traes, etc. Imperativ: traiga/n Pretérito: traje, trajeron, etc. (pg).
venir:	Präsens: vengo, vienes, viene, venimos, venís, vienen Imperativ: venga/n Pretérito: vine, etc. (pg).

Zeiten

Präsens

Das Präsens wird benutzt, um auszudrücken, was regelmäßig in der Gegenwart geschied oder was man im Moment tut oder sehr bald tun wird.

Yo juego al tenis los lunes.	Ich spiele montags Tennis.
¿Qué haces?	Was machst du?
Me afeito en el cuarto de baño.	Ich rasiere mich im Badezimmer.

Es wird auch mit *desde/desde hace* (seit) benutzt um auszudrücken, seit wann etwas geschieht:

Emilio trabaja para Vacasa Internacional desde hace un mes.	Emilio arbeitet seit einem Monat bei Vacasa Internacional.
Rosa está en Méjico desde el miércoles pasado.	Rosa ist seit letzten Mittwoch in Mexiko.

Gerundium (estar + Partizip Präsens)

Diese Form wird benutzt um auszudrücken, was gerade in diesem Augenblick geschieht.

¿Qué estás haciendo?	Was machst du gerade?
Estoy afeitándome.	Ich rasiere mich gerade.

Imperativ

Die Befehlsform:

Ponga las patatas en mi bolsa, por favor.	Tun Sie die Kartoffeln in die Tasche, bitte.

Pretérito Perfecto (Historisches Perfekt)

Diese Form bezeichnet eine abgeschlossene Handlung in der Vergangenheit:

¿Fuiste de vacaciones el año pasado con tu novio?	Warst du letztes Jahr mit deinem Freund in Urlaub?
No, fui de vacaciones con mis padres.	Nein, ich war mit meinen Eltern in Urlaub.

Imperfekt

Das Imperfekt wird gebraucht zur Beschreibung von Zuständen, Gewohnheiten und sich wiederholende Handlungen, oft auch gleichzeitig mit einem Vorgang im Pretérito:

Cuando vivía en Madrid hablaba español con todo el mundo.	Als ich in Madrid wohnte, sprach ich mit jedem Spanisch.
Cuando viajaba a Pontevedra, tuve un accidente.	Als ich nach Pontevedra reiste, hatte ich einen Unfall.

Es kann auch die Vergangenheitsform des Gerundiums benutzt werden (*estar* + Partizip Präsens):

Cuando estaba viajando en Pontevedra, tuve un accidente.	Ich reiste gerade nach Pontevedra, als ich einen Unfall hatte.

Perfekt

Das Perfekt wird mit *haber* + Partizip Perfekt gebildet um auszudrücken, was man vor nicht allzu langer Zeit getan hat.

¿Qué has visto?	Was hast du gesehen?
Hemos visto muchas cosas.	Wir haben Vieles gesehen.

Futur

Die Zukunft:

¿Qué pasará?	Was wird passieren?

Aber man kann auch *ir a* + Infinitiv für unmittelbar Bevorstehendes benutzen:

¿Qué vamos a hacer?	Was machen wir (gleich)?
Vamos a ir de compras.	Wir gehen (gleich) einkaufen.

Saber und *poner*

Beides bedeutet "können", *-saber* mehr im Sinne von "wissen", *poner* mehr im Sinne von "in der Lage sein":

¿Sabe Vd hablar francés?	Können Sie Französisch (sprechen)?
No puedo ir al teatro hoy.	Ich kann heute nicht ins Theater gehen.

Ser und *estar*

Ser wird gebraucht

- zur Beschreibung einer Person: *Emilio es reportero.* - Emilio ist ein Reporter.
- zur Bezeichnung dauernder Eigenschaften einer Person oder Sache: *Felipe es gordo.* - Felipe ist dick.
- bei Zeitausdrücken: *Son las cinco de la tarde.* - Es ist 5 Uhr nachmittags.
- um auszudrücken, woher jemand oder etwas ist : *Soy de Madrid.* - Ich bin aus Madrid.

Estar wird gebraucht

- um auszudrücken, wo sich jemand oder etwas befindet: *Vacasa está en Villaverde.* - Vacasa ist in Villaverde.
- zur Beschreibung eines vorübergehenden Zustands: *Rosa está cansada hoy.* - Rosa ist heute müde.
- zur Beschreibung was jemand gerade tut/getan hat: *Juana estaba llamando.* - Juana hatte (gerade) angerufen.

SUBSTANTIVE, ARTIKEL, PRONOMEN

Alle Substantive sind entweder maskulin oder feminin. Die meisten Maskuline enden mit *-o* , die Feminine mit *-a*. Die bestimmten (*il, la* etc.) und unbestimmten (*un, una* etc.) Artikel richten sich in Geschlecht und Zahl nach dem Substantiv. Plural: Substantiven, die mit einem Vokal enden, wird ein *-s* angehängt, alle anderen bilden den Plural durch Anhängen von *-es* : *el niño, los niños, la mesa, las mesas, una ciudad, dos ciudades.*

Substantive, die mit *-ión* enden, verlieren den Akzent im Plural: *estación > estaciones.* Diejenigen, die mit *-z* enden, haben im Plural die Endung *-ces: una vez > muchas veces.*

Pronomen ersetzen Substantive. Hier sind die wichtigsten:

SUBJEKT	AKK. OBJEKT	DAT. OBJEKT	REFLEX.PRON.	BETONT
yo	me	me	me	mí
tú	te	te	te	ti
él	lo (Dinge, m) le le/lo (=ihm)	se	se	él
ella	la	le	se	ella
usted	le(m) la (f)	le	se	usted
nosotros/as nos	nos	nos	nos	nosotros/as
vosotros/as os	os	os	os	vosotros/as
ellos	los/les	les	se	ellos
ellas	las	les	se	ellas
ustedes	los (m) las (f) les	se	se	ustedes

Objektpronomen stehen vor dem Verb, außer beim bejahenden Imperativ, dem Infinitiv oder Gerundium.

Déme un kilo de tomates, por favor.	Geben Sie mir ein Kilo Tomaten, bitte.
Sí, voy a ponerlos en su bolsa.	Ja, ich tue sie gleich in Ihre Tasche.

Wenn zwei Pronomen der dritten Person (doppeltes Objektpronomen) benutzt werden, wird das erste zu *se:*

Se los di ayer.	Ich gab sie ihm/ihr/ihnen gestern.

ADJEKTIVE, ADVERBEN

Adjektive richten sich in Geschlecht und Zahl nach dem Substantiv, das sie beschreiben. Die meisten stehen nach. Adjektive, die mit *-o* enden, haben vier Formen: *rojo, roja, rojos, rojas*; diejenigen mit *-e* -Endung erhalten im Plural ein *-s*, diejenigen mit einer Konsonantendung ein *-es*:

un vestido rojo/verde/azul	una camisa roja/verde/azul
dos vestidos rojos/verdes/azules	dos camisas rojas/verdes/azules

Nationalitäten, die mit *-és* oder *-ol* enden, sind feminin:

una cuidad francesa	ciudades francesas.

Adverben entstehen durch Anhängen von *-mente* an die weibliche Form:

rápido	rápida	rápidamente

Im Spanischen werden oft statt des Adverbs adverbiale Ausdrücke verwendet:

¡Jaime! ¡No hagas eso! - dijo con enojo.	"Jaime, tue das nicht !" sagte sie wütend.

Der Komparativ wird mit *más ... que* gebildet:

Felipe es más gordo que Emilio.	Felipe ist dicker als Emilio.

Der Superlativ wird ebenfalls mit *más* gebildet, aber in abgewandelter Form:

Juana es la chica más linda de su clase.	Juana ist das hübscheste Mädchen der Klasse.

POSSESSIVPRONOMEN (mein, dein, Ihr, euer etc.)

KURZE FORM		LANGE FORM	
mi/mis	mein/e	mío/a/os/as	(der/die/das) meine/n
tu/tus	dein/e	tuyo/a/os/as	... deine/n
su/sus	sein/e, ihr/e	suyo/a/os/as	... sein/n, ihre/n
su/sus	Ihr/e	suyo/a/os/as	... Ihre/n
nuestro/a/os/as	unser/e	nuestro/a/os/as	... unsere/n
vuestro/a/os/as	euer/re	vuestro/a/os/as	... eure/en
su/sus	ihr/e	suyo/a/os/as	... ihre/n
su/sus	Ihr/e	suyo/a/os/as	... Ihre/n

Die kurze Form bezeichnet "mein" etc. und steht vor dem Substantiv. Die lange Form (im Deutschen eher selten gebraucht) bezeichnet "das meine" etc. und steht nach *ser* oder dem bestimmten Artikel.

Possessivpronomen oder "besitzanzeigenden Fürwörter" richten sich nach dem, was "besessen"wird:

Sus hijos y los míos.	Ihre Kinder und meine.
¿Es tuyo este paraguas?	Ist das dein Regenschirm (Ist dieser Regenschirm der deine)?

Wegen ihrer Doppelbedeutung wird die dritte Person oft durch *de él* (sein), de *Vd* (Ihr), etc. ersetzt: *¿Es de Vd?* Ist das Ihr/e/r?

DIES UND DAS

Es gibt drei Demonstrativpronomen: *este* (dies/e/r/s), *ese* (jene/r/s) und *aquel* (der/die/das dort).

este hombre dieser Mann	*ese hombre* jener Mann	*aquel hombre* der Mann dort
estos hombres diese Männer	*esos hombres* jene Männer	*aquellos hombres* die Männer dort
esta mujer diese Frau	*esa mujer* jene Frau	*aquella mujer* die Frau dort
estas mujeres diese Frauen	*esas mujeres* jene Frauen	*aquellas mujeres* diese Frauen dort

Werden diese Pronomen ohne Substantiv gebraucht, erhält das erste *-e* einen Akzent:: *aquel hombre y éste; esa mujer y aquélla.* Das Neutrum *(esto, eso, aquello)* wird gebraucht, wenn man das Geschlecht des bezüglichen Objekts nicht kennt: *¿Qué es esto?* Was ist das?

PREPOSITIONEN

A bedeutet "zu" oder "nach" und bezeichnet Bewegung:

Voy a Pontevedra.	Ich fahre/gehe nach Pontevedra.

Ähnlich wie im Deutschen werden im Spanischen manchmal Präpositionen mit Artikeln zusammengezogen, z.B. *a + el* wird zu *al.*

Al + Infinitiv in der Bedeutung von "bei ... ":

Al llegar a Pontevedra ...	Bei der Ankunft in Pontevedra ...

Hier sind noch ein paar andere gebräuchliche Präpositionen:

Vivo en Pontevedra.	Ich lebe in Pontevedra.

Los hijos de Felipe.	Felipes Kinder (die Kinder von Felipe) .

¡Cuánto me alegro de verte!	Nett dich zu sehen!

No puedes hacer pan sin comprar harina.	Du kannst kein Brot backen, ohne Mehl zu kaufen.

¿Para qué vamos a Granada?	Warum fahren wir nach Granada?
Para presentarme a tus padres.	Um mich deinen Eltern vorzustellen.

FRAGEWÖRTER

¿Qué?	Was?	¿Cómo?	Wie?
¿Quién?	Wer?	¿Cuándo?	Wann?
¿Dónde?	Wo?	¿Por qué?	Warum?
¿Adónde?	Wohin?	¿Para qué?	Wozu?

VERNEINUNGEN

Fui a España.	Ich fuhr nach Spanien
No fui a España.	Ich fuhr nicht nach Spanien.

Linda nunca come carne/no come carne nunca.	Linda isst nie Fleisch.
No fui al cine ayer.	Ich ging gestern nicht ins Kino.
Nosotros tampoco.	Wir auch nicht.

Glossar

Hinter jeder Eintragung steht die Nummer der Lektion, in der die Vokabel zum ersten Mal vorkommt.

(m) = **maskulin** *(sing)* = **Singular**
(f) = **feminin** *(pl)* = **Plural**

A

a	zu, nach (siehe Grammatik) 3
abierto	geöffnet 7
abrigo *(m)*	Mantel 6
abril	April 15
abrir(se)	öffnen 10
absoluto (en a.)	überhaupt (nicht) 11
abuela *(f)*	Großmutter 2
abuelo *(m)*	Großvater 2
aburrido	langweilig, gelangweilt 19
aburrirse	sich langweilen 19
accidente *(m)*	Unfall 21
aceite *(m)*	Öl 9
aceptar	annehmen 18
acompañar	begleiten 7
acordarse de	sich erinnern 9
acostarse	sich hinlegen 5
actualmente	zur Zeit 16
acuerdo (estar de a. con)	übereinstimmen 23
adelgazar	abnehmen (Gewicht) 19
adiós	auf Wiedersehen 7
¿adónde?	Wohin? 11
aeropuerto *(m)*	Flughafen 18
afeitarse	sich rasieren 22
África	Afrika
agenda *(f)*	Terminkalender 15
agitar	schütteln 21
agosto	August 15
agua *(f)*	Wasser 9
ahí	dort 15
ahí viene	da kommt er/sie/es 4
ahora	jetzt 3
al (= a + el)	zu dem/der, zum 3
alegrarse	sich freuen 21
alegre	fröhlich 13
alegremente	erfreulicherweise 23
alemán	deutsch 1
Alemania	Deutschland 1
alfombra *(f)*	Teppich 3
algo	etwas 7
algodón *(m)*	Baumwolle 6
alguien	jemand 16
algún, alguno/a	etwas, einige 11
alguna (a/en a. parte)	etwas, (irgendwo) 12
alguna (¿tienes a. vez ...?)	(hast du) jemals ...? 20
almacén *(m)*	Kaufhaus 20
almorzar	zu Mittag essen 5
almuerzo *(m)*	Mittagessen 10
alojarse	übernachten 9
alquilar	(ver)mieten, leihen 8
alto	groß, hoch 13
altura	Höhe 13
alubias	Bohnen 10
allí	dort drüben 6
amarillo	gelb 3
amiga *(f)*	Freundin 7
amigo *(m)*	Freund 3
andar	gehen 21
andén *(m)*	Bahnsteig 18
anoche	letzte Nacht 11
antes de	vor 21
antiguo	ehemalig 21
año *(m)*	Jahr 1
apasionadamente	leidenschaftlich 23
apellido *(m)*	Familienname 1
apariencia *(f)*	Aussehen 19
apenas	kaum 16
aprender	lernen 5
aprobar	bestehen (Prüfung) 17
aquel/aquella	jenes 6
aquellos/aquellas	jene 6
aquí	hier 1
arboleda *(f)*	Baumstand, Pflanzung 20
Argentina	Argentinien 9
armario *(m)*	Schrank 21
arreglar	saubermachen 15
aseo *(m)*	Toilette, Bad 3
así	(gerade) so, wie, 19
aspirina(s) *(f)*	Aspirin 19
asqueroso	widerlich 10
atender	teilnehmen, bedienen 22
atractivo/a	attraktiv, gutaussehend 10
Austria	Österreich 21
autocar *(m)*	Reisebus 9
autobús *(m)*	Bus 9
AVE *(m)*	spanischer Hochgeschwindigkeitszug 18
avenida *(f)*	breite Straße, Allee 2
avión *(m)*	Flugzeug 8
ayer	gestern 8
ayuda	helfen 7
azteca	Azteke 4
azul	blau 6

B

bailar	tanzen 4
baile *(m)*	Tanz 15
bajo	niedrig 13
baloncesto *(m)*	Basketball 8
ballet *(m)*	Ballett 16
banco *(m)*	Bank 7
bañarse	schwimmen gehen 5
baño *(m)*	Bad 3
bar *(m)*	Kneipe 3
barato	billig 6
barbacoa *(f)*	Grill 15
barbilla *(f)*	Kinn 13
barra *(f)*	Stange (Brot) 10
bastante	genug 6
bebé (m)	Baby 23
beber	trinken 5
biblioteca *(f)*	Bibliothek 7
bicicleta *(f)*	Fahrrad 9
bien	gut 2
bienvenido	willkommen 19
bistec *(m)*	Steak 10
blanco	weiß 3
blusa *(f)*	Bluse 6
boca *(f)*	Mund 13
bocadillo *(m)*	Sandwich 10
bolígrafo *(m)*	Kugelschreiber 18
bombero *(m)*	Feuerwehrmann 11
bonito	hübsch 3
bolsa *(f)*	Tasche 10
borracho/a (emborracharse)	betrunken (sich betrinken) 12
botas *(f)* **(para caminar)**	Wanderstiefel 9
botella (f)	Flasche 10
Brasil	Brasilien 1
brasileño	brasilianisch 1
botón *(m)*	Knopf 22
brazo *(m)*	Arm 21
brillar	glänzen 14
buen/bueno	gut 2
buenas noches	gute Nacht 23
buenos días	guten Morgen 1
bufanda *(f)*	Schal 14
buscar	suchen 14

C

caballo *(m)*	Pferd 9
cabeza *(f)*	Kopf 19
cabina *(f)* **telefónica**	Telefonzelle 7
caerse	fallen 17
camarero *(m)*	Ober 10
café *(m)*	Kaffee, Café 1
café con leche	Kaffee mit Milch 1
café solo	Kaffee, schwarz 4
cafetería *(f)*	Cafeteria 3
caja *(f)*	Kasten, Kiste 10
calcetines *(mpl)*	Socken 6
calendario *(m)*	Kalender 16
caliente	heiß, warm 14
calor	heiß (Wetter) 12
caluroso	heiß (Klima) 11
calle *(f)*	Straße 1
cama *(f)*	Bett 4
cambiar	wechseln 7
camisa *(f)*	Hemd 6
campana	Glocke 13
camping (hacer c.)	Camping (zelten gehen) 9
Canadá	Kanada 17
canción *(f)*	Lied 11
cansado	müde 19
cantar	singen 11
cantante *(m)*	Sänger 11
carne *(f)*	Fleisch 4
carnicería *(f)*	Metzger 7
caro	teuer 6
carretera *(f)*	Landstraße 7
carta *(f)*	Brief 5
cartera *(f)*	Brieftasche 21
cartero *(m)*	Briefträger 11
casa *(f)*	Haus 3
casa (a c.)	(nach) Hause 6
casa (en c.)	(zu) Hause 5
casado	verheiratet 1
casarse	heiraten 9
casi	fast 14
castaño	(dunkel) braun 13
Cataluña	Katalonien (Region im Nordosten von Spanien) 2
causa de (a c. de)	wegen 18
causar	verursachen 17
cebolla *(f)*	Zwiebel 10
celebrar	feiern 14
celos (tener c. de)	eifersüchtig (sein auf) 17
celosamente	Eifersucht 23
cena *(f)*	Abendessen 5
cenar	zu Abend essen 5
cerca de	nahe bei 3
cerca (de/desde c.)	nah 10
cerdo *(m)*	Schweinefleisch 10
cerrado	geschlossen 7
cerveza *(f)*	Bier 4
césped *(m)*	Wiese 20
cien/ciento	Hundert 6
cigarrillo *(m)*	Zigarette 9
cinco	fünf 1
cincuenta	fünfzig 3
cine *(m)*	Kino 15
cita *(f)*	Verabredung 8
ciudad *(f)*	Stadt 4
claramente	klar 23
¡claro!	Klar! 3
claro que	natürlich, klar 5
clase *(f)*	Klasse 16
cliente *(m)*	Kunde 21
club *(m)*	Klub 5
cocina *(f)*	Küche 3
cocinar	kochen 11

coche *(m)*	Auto 2
codo	Ellbogen 19
colegio *(m)*	Schule, Gymnasium 4
color	Farbe 6
comenzar (ie)	anfangen 22
comer	essen 3
comida *(f)*	Essen 9
como	wie 4
¿cómo?	Wie? 1
cómodo	angenehm, bequem 1
compañía *(f)*	Firma 13
compañera *(f)*	Partnerin 17
compañero *(m)*	Partner 17
comportarse	sich benehmen 22
comprar	kaufen 6
compras (ir de c.)	Einkäufe, einkaufen gehen 4
comprobar	(über)prüfen 9
con	mit 4
concierto *(m)*	Konzert 15
conducir	(Auto) fahren 5
conductor *(m)*	Fahrer 11
confirmado	bestätigt 21
conmigo	mit mir 7
conocer	kennen(lernen) 1
contable *(m)*	Buchhalter 2
contar	erzählen 8
contento	glücklich, zufrieden 1
contestar	anrtworten 21
contigo	mit dir 11
copa *(f)*	(Trink)Glas 23
corbata *(f)*	Krawatte 6
correr	laufen 21
cortar	schneiden 20
corto	kurz 13
costar	kosten 6
cordero *(m)*	Lamm 10
correos *(mpl)*	Postamt 7
creer	glauben 9
¡creo que sí!	Ich glaube ja! 15
cruce *(m)*	Kreuzung 7
cruce	Kreuz 7
cruzar	überqueren 7
cuerpo *(m)*	Körper 19
¿cuándo?	Wann? 7
¿cuál?	Welche/r/s? 2
¿cuántas veces?	Wie oft? 16
¿cuánto cuesta?	Wie viel kostet es? 6
¡cuánto me alegro!	Das freut mich sehr!
¿cuántos años tienes?	Wie alt bist du?
cuarenta	vierzig 5
cuarto	viertel 5
cuarto *(m)* **de baño**	Badezimmer 3
cuatro	vier 1
cuatrocientos	vierhundert 6
cuchillo *(m)*	Messer 3
cuello *(m)*	Hals 13
cuento *(m)*	Geschichte 15
cuidado (tener c.)	vorsichtig (sein) 17
cuidar	sich kümmern, aufpassen 14
cumpleaños *(m)*	Geburtstag 14
cumplir ... años	...Jahre alt werden/sein 10

CH

chaqueta *(f)*	Jacke 6
charlar	sich unterhalten, plaudern 21
chico *(m)*	Junge 4
Chile	Chile 1
chileno/a	chilenisch 1
chino/a	chinesisch 21
¡chiss!	Psst! 23
chocarse	zusammenstoßen 17
chocolate *(m)*	Schokolade 4
chorizo *(m)*	Chorizo (span. Wurstart) 10
churro *(m)*	Churro (span. Gebäck) 4

D

dar	geben 9
dar clase *(f)*	lehren, Unterricht erteilen 14
dar un paseo *(m)*	spazieren gehen 9
datos *(mpl)*	Daten, Datei 1
de	von/m 1
debajo de	unter 3
deber	schulden 18
décimo	zehnte 7
decir	sagen, erzählen 8
dejar	(ver)lassen 22
delante de	vor (zeitl.) 4
delgado	dünn 13
demasiado	zu viel/e/s 6
déme	gib/geben Sie mir 10
dentista *(m)/(f)*	Zahnarzt 11
deporte *(m)*	Sport 16
deportivo	sportlich 19
derecha (a la d.)	rechts 3
desastre	Unglück 20
desastroso	unheilsvoll, katastrophal 18
desayunar	frühstücken 4
¡a desayunar!	Fühstückszeit! 4
desayuno *(m)*	Frühstück 4
descafeinado	koffeinfrei 10
desconocido	fremd, unbekannt 5
describir	beschreiben 15
desde	seit 7
desde hace	seit (siehe Grammatik) 20
desear	wünschen 18
desnatado	fettarm 10
despedirse	sich verabschieden 22
despertarse	aufwachen 21
después de	nach 6
detestar	hassen 6
detrás de	hinter 3
día *(m)*	Tag 7
diciembre	Dezember 15
dieciséis	sechzehn 12
diecisiete	siebzehn 2

diente *(m)*	Zahn 13
diez	zehn 1
¡diga!	Hallo? (am Telefon) 2
dijeron	sie sagten 9
dijo	er sagte 8
difícil	schwierig, schwer 15
dime	sag'/sagen Sie 14
dinero *(m)*	Geld 6
¡Dios mío!	Ach Gott! 21
dirección *(f)*	Adresse 1
disco compacto	CD 16
discoteca *(f)*	Diskothek 9
disputa *(f)*	Streit 17
divertido	unterhaltsam 23
divertirse (ie)	sich amüsieren 9
doble	doppelt 18
doce	zwölf 1
doler	weh tun 19
dolor *(m)*	Schmerz 19
domingo	Sonntag 5
¿dónde?	Wo? 1
dormir	schlafen 6
dormirse	einnicken 20
dormitorio *(m)*	Schlafzimmer 3
dos	zwei 1
doscientos	zweihundert 6
ducha	Dusche 3
ducharse	duschen 5
durante	während 14

E

economía *(f)* **política**	politische Volkswirtschaft 9
echar (al correo)	schicken 13
edad *(f)*	Alter 1
edificio *(m)*	Gebäude 3
efecto (en e.) *(f)*	in der Tat 10
ejercicio *(m)*	Übung 10
el	der 1
él	er, ihm 1
ella	sie, ihr 1
ellos	sie, ihnen 1
emborrachada	betrunken 23
empezar *(ie)*	anfangen 5
empleo	Job, Arbeitsstelle 2
empresa *(f)*	Firma 2
empujar	drücken, schieben 22
en	in 1
encanta (me e.)	mir gefällt 4
Encantado de conocerle/la.	Freut mich, Sie kennenzulernen. 1
encantar	verzaubert 1
encenderse	angehen, entzünden 22
encima de	auf 7
encontrar	finden, treffen, begegnen 8
enero	Januar 9
enfadarse	sich ärgern, wütend werden 8
enfermera *(f)*	Krankenschwester 11
enfrente (de)	gegenüber 7
enojo (con e.)	wütend 23
enorme	riesig 8
ensalada *(f)*	Salat 10
enseñar	zeigen, beibringen, lehren 10
enséñeme	zeigen Sie mir 10
entender	verstehen 7
enteramente	ganz 21
entonces	also, dann 5
entrada *(f)*	Eingang, Eintritt 16
entrar	betreten, hineingehen 22
entre	zwischen 3
entrevista *(f)*	Interview 1
enviar	(ab)senden 15
era	ich/er/sie/es war, Sie waren 8
escaparate *(m)*	Schaufenster 6
escocés	schottisch 1
Escocia	Schottland 1
escribir	schreiben 3
escribir a máquina	tippen 11
escuchar	zuhören 14
ese/esa	diese/s 8
eso	dieser 4
España	Spanien 1
español	spanisch 1
esperar	(er)warten 18
esquí (hacer el e.)	Skifahren (gehen) 9
esquiar	Ski fahren 11
esquina *(f)*	Ecke 7
estación	Bahnhof, Busstation 18
Estados *(mpl)* **Unidos**	die Vereinigten Staaten 1
estáis	du bist/ihr seid 1
estamos	wir sind 1
están	sie sind 1
estar	sein 1
estoy	ich bin 1
este/esta	der/die/das hier 4
éste/ésta	diese/r hier 4
estómago *(m)*	Magen 19
estos/estas	diese (pl) 4
éstos/éstas	diese (pl) hier 4
estudiante *(m)*	Schüler, Student 9
estudiar	lernen, studieren 4
estupendo	großartig 9
etiqueta *(f)*	Etikett 6
Europa	Europa 9
examen *(m)*	Untersuchung, Prüfung 17
extranjero	Ausländer, ausländisch, fremd 3
extranjero (al/en el e.)	(im) Ausland 16
extraño	merkwürdig, seltsam 16
excursiones *(fpl)* **a pie (hacer)**	wandern gehen 22

F

fácil	einfach, leicht 6

falda *(f)*	Rock 6
familia *(f)*	Familie 2
fantástico	fantastisch 11
fatal	schrecklich 19
favorito	Lieblings... 18
fax *(m)*	Fax 15
febrero	Februar 15
fecha *(f)*	Datum 15
festival *(m)*	Festival 20
fiebre *(f)*	Fieber 19
fiesta *(f)*	Fest/Feiertag 8
fin *(m)* **de semana** *(f)*	Wochenende 5
final (al f. de)	(am) Ende (von) 7
flan *(m)*	Flan (span. Pudding-spezialität) 10
folleto *(m)*	Broschüre 9
footing	Jogging 8
forma *(f)* **(de mala f.)**	außer Form 19
foto *(f)*	Foto 13
fotógrafa *(f)*	Fotograf 2
francés	französisch 1
Francia	Frankreich 1
frecuentemente	regelmäßig, häufig 16
fresa *(f)*	Erdbeere 10
fregadero *(m)*	Waschbecken 3
fregar los platos *(mpl)*	abwaschen 20
frigorífico *(m)*	Kühlschrank 3
frío	kalt 10
frotar	reiben 21
fruta *(f)*	Obst 10
fuerte	stark 13
fui/fuiste/fue/fuimos/fueron	Vergangenheitsf. von **ser** 8
fumar	rauchen 9
fútbol *(m)*	Fußball 5

G

gafas *(f,pl)*	Brille 19
garaje *(m)*	Garage 3
gastar	tragen (Kleidung) 6
gato *(m)*	Katze 3
general	allgemein 4
general (por lo g.)	im Allgemeinen, in der Regel 16
generalmente	im Allgemeinen 5
gerente *(m)*	Geschäftsführer 18
gimnasio *(m)*	Turnhalle 3
gitano *(m)*	Zigeuner 4
golf *(m)*	Golf 21
gordo	fett, dick 10
gracias	Dank/e 2
gran, grande	groß 2
gripe *(f)*	Grippe 19
gris	grau 3
gritar	rufen 23
grueso	dick 22
grupo *(m)*	Gruppe 14
guante *(m)*	Handschuh 6
guardia *(m)*	Polizist 2
Guatemala	Guatemala 1
guía *(m)* **de turismo**	Touristenführer 11
guisantes *(mpl)*	Erbsen 10
guitarra *(f)*	Gitarre 5
gustar	mögen 4
gusta (me g.)	ich mag 4
gusta (le g.)	er/sie/es mag 4
gusta (le g. a Vd.)	Sie mögen 4
gusta (les g. a Vds)	sie mögen 4
gusta (le g. a Vds.)	Sie (pl) mögen 4

H

haber (va a h.)	es wird ... sein 17
habitación *(f)*	Zimmer 18
hablar	sprechen 3
hacer (h. camping)	machen, tun 5 (zelten gehen 9)
hacerse	(Beruf) werden 17
hambre (tener)	Hunger (haben) 10
hamburguesa *(f)*	Hamburger 10
harina *(f)*	Mehl 12
hasta	bis 7
hasta luego	bis später 2
hay	es gibt 3
hermana *(f)*	Schwester 2
hermano *(m)*	Bruder 2
hermoso	schön 17
hice	ich tat/machte 9
hicieron	sie taten/machten 9
historia *(f)*	Geschichte 8
hoja *(f)* **de solicitud**	Anmeldeformular 1
¡hola!	Hallo! 2
hombre *(m)*	Mann 5
hora *(f)*	Zeit, Stunde 5
hora *(f)* **(¿a qué h.?)**	Um wie viel Uhr? 5
horrible	schrecklich 10
horroroso	schrecklich/e/r/s 19
hospital *(m)*	Krankenhaus 21
hotel *(m)*	Hotel 3
hoy	heute 1
huevo *(m)*	Ei 3

I

ida y vuelta	hin und zurück 18
idea *(f)*	Idee 6
idioma *(m)*	Sprache 3
iglesia *(f)*	Kirche 7
me da igual	das macht nichts, das macht mir nichts aus 7
igual	der/die/dasselbe, gleich 5
impacientemente	ungeduldig 23
importa (no i.)	wichtig (das ist nicht w.) 11
importante	wichtig 19
incluir	einschließen, einbeziehen 18
incluso	einschließlich 18
increíble	unglaublich 3
India	Indien 9
indicar	(an)zeigen 16

individual	Einzel(zimmer) 18
ingeniero *(m)*	Ingenieur 1
Inglaterra	England 1
inglés	englisch 1
informática *(f)*	Informatik 14
inscribirse en	sich einschreiben 19
integral	Vollkorn... 10
interesante	interessant 5
internacional	international 1
interruptor *(m)*	Schalter (elekt.) 22
invierno *(m)*	Winter 22
invitación *(f)*	Einladung 17
invitar	einladen 17
ir	gehen 4
ir de compras	einkaufen gehen 4
irse	weggehen 20
Italia	Italien 1
italiano	italienisch 1
izquierda	links 3

J

¡ja, ja, ja!	Ha, ha, ha! 21
jabón *(m)*	Seife 3
jamón *(m)* **(de York)**	(gek.) Schinken 10
Japón	Japan 1
japonés	japanisch 1
jardín *(m)*	Garten 3
jefa *(f)*	Chefin (f) 2
jefe *(m)*	Chef (m) 3
joven	jung 8
judías *(fpl)*	grüne Bohnen 10
jueves	Donnerstag 5
jugar *(a)*	spielen (Spiel) 3
jugo *(m)*	Saft 1
junto a	nahe, bei 3
julio	Juli 15
junio	Juni 15

K

kilo *(m)*	Kilo 10

L

la	die (f. sing.) 2
laborales (los días l.)	Arbeits(tage) 7
lado (al l. de)	neben 3
lápiz *(m)*	Bleistift 8
largo	lang 13
las	die (f. pl) 3
lata *(f)*	Dose 10
lavabo *(m)*	Waschbecken 3
lavadora *(f)*	Waschmaschine 3
lavar	waschen 9
leche *(f)*	Milch 1
lechuga *(f)*	Kopfsalat 10
le	Ihnen, ihm, ihr 4
leer	lesen 5
legumbre *(f)*	Gemüse 10
lejos	weit 12
lentamente	langsam 23
les	ihnen 4
letrero *(m)*	Schild, Etikett 7
levantarse	aufstehen 5
libra *(f)* **esterlina**	brit. Pfund 12
libre	frei 5
libro *(m)*	Buch 7
ligero	leicht 13
limón *(m)*	Zitrone 10
limpiar	saubermachen 9
listo	fertig, bereit 4
listo	klug 13
litro *(m)*	Liter 10
lo	es, ihm 2
locamente	verrückt 23
Londres	London 2
los	die (pl), ihnen 1
luego	dann, später, nachher 8
lunes	Montag 5

LL

llave *(f)*	Schlüssel 22
llamar (por teléfono)	telefonieren 8
llamarse	heißen 1
llamo (me ll.)	ich heiße 1
llamada *(f)*	Anruf 20
llegar	ankommen 4
llevar	tragen, bringen 6
llevar retraso	zu spät kommen 4
llorar	weinen 21
llover	regnen 9
llueve	es regnet 11

M

madre *(f)*	Mutter 2
mal	schlecht, krank 19
malo	schlimm, schlecht 2
mamá *(f)*	Mutti 2
mandar	schicken 8
manivela *(f)*	Griff 22
mano *(f)*	Hand 6
manzana *(f)*	Apfel 10
mañana *(f)*	morgen 4
máquina *(f)* **fotográfica**	Fotoapparat 15
mar *(m)*	Meer 9
maravilloso	wundervoll 16
marcharse	weggehen 22
marido *(m)*	Ehemann 2
marrón	braun 3
martes	Dienstag 5
marzo	März 9
más	mehr 13
mayo	Mai 15
mayor	älter, älteste/n 13
me	mir 1
mecanografía *(f)*	Tippen 16
mediano	mittel 6
medianoche *(f)*	Mitternacht 23

medio	halb 10
médico *(m)*	Arzt 11
Méjico	Mexiko 1
mejicano	mexikanisch 1
mejor	besser 13
mejor (a lo m.)	womöglich 22
mentira *(f)*	Lüge, falsch 13
menudo (a m.)	oft 5
mes *(m)*	Monat 17
mesa *(f)*	Tisch 3
mesita *(f)*	Tischchen 3
mi/mis	mein/e 1
mí	mir, mich 4
miércoles	Mittwoch 5
mil *(m)*	tausend 6
mineral	Mineral 10
minuto *(m)*	Minute 9
mío/a	mein/e/r 14
mirar	(an/zu)sehen 5
mismo	... selbe 5
momentito (un m.) *(m)*	(ein) Augenblick 10
montaña *(f)*	Berg 22
montar a bicicleta	Rad fahren 11
montón (un m. de)	eine Menge 15
moreno	dunkel 13
morirse	sterben 23
motocicleta *(f)*	Motorrad 9
muchísimo	sehr viel 11
mucho	viel/e 4
mudar de casa	umziehen 20
muebles *(mpl)*	Möbel 1
muelas *(fpl)*	Zähne 19
mujer *(f)*	Frau 2
mundo *(m)*	Welt 3
muñeca *(f)*	Handgelenk 19
museo *(m)*	Museum 7
música *(f)*	Musik 20
muy	sehr 2

N

nacer	geboren werden/sein 9
nacionalidad *(f)*	Nationalität 1
nada	nichts 5
nadar	schwimmen 7
nadie	niemand 9
naranja *(f)*	Orange 1
naranjo *(m)*	Orangenbaum 3
nariz *(f)*	Nase 13
natación *(f)*	Schwimmen 4
natural	natürlich, rein 10
necesitar	brauchen 17
negro	schwarz 3
nevar	schneien 14
ni ... ni ...	weder ... noch ... 9
niebla *(f)*	Nebel 5
nieta *(f)*	Enkelin 2
nieto *(m)*	Enkel 2
ninguna manera (de n. m.)	überhaupt nicht 9
ninguna parte (a/en n. p.)	nirgendwo 17
niña *(f)*	Kind (f) 2
niño *(m)*	Kind (m) 2
no	nicht, nein 1
no importa	das ist nicht wichtig 15
¡no te preocupes!	Mach dir keine Sorgen! 2
¡no se preocupe!	Machen Sie sich keine Sorgen 11
noche *(f)*	Nacht 9
nombre *(m)*	Name 1
norteamericano	nordamerikanisch 1
nos	uns 4
nosotros	wir 4
novecientos	neunhundert 6
noventa	neunzig 6
noticias *(f)*	Nachrichten 2
novia *(f)*	Freundin, Verlobte 2
noviembre	November 15
novio *(m)*	Freund, Verlobter 2
nuestro	unser/e/s 7
Nueva York	New York 2
nueve	neun 1
nuevo	neu 1
número *(m)*	(Schuh)größe, Nummer, Zahl 12
nunca	nie(mals) 5

O

o	oder 1
obra *(f)* **(de teatro)**	(Theater)stück 16
ocio *(m)*	Freizeit 6
octavo	achte/r/s 7
octubre	Oktober 15
ocupado	beschäftigt 5
ocho	acht 1
ochocientos	achthundert 6
odiar	hassen 4
oficina *(f)*	Büro 2
¡oiga!	Hör(en) (Sie) mal! 15
oír	zu(hören) 16
ojo *(m)*	Auge 13
once	elf 1
ópera *(f)*	Oper 16
ordenador *(m)*	Computer 3
oreja *(f)*	Ohr 13
os	Sie (pl) 22
otro	andere/r/s 7

P

paciente *(m/f)*	Patient 21
padre *(m)*	Vater 2
padres *(m)*	Eltern 5
paella *(f)*	Paella 12
palanca *(f)*	Hebel 22
pan *(m)*	Brot 10
panorama *(m)*	Aussicht, Panorama 14
papá *(m)*	Vati, Papa 2

paquete *(m)*	Paket 8
para	für, um zu 1
¿para qué?	Wozu? 18
paraguas *(fpl)*	Schirm 14
parada *(f)*	Haltestelle 18
parar	halten 20
parecer	(er)scheinen 6
parecerse a	jmd. ähnlich sein 19
parque *(m)*	Park 3
partir (a p. de hoy)	von heute an 4
pasado (el año p.)	letztes (Jahr) 8
pasar	passieren 7
pasarlo estupendamente	sich gut amüsieren 9
paseo *(m)*	Spaziergang 9
pastel *(m)*	Kuchen 19
patata *(f)*	Kartoffel 20
patatas *(fpl)* **fritas**	Pommes frites 10
patinar	Schlittschuh laufen 14
pegar	schlagen 21
película *(f)*	Film 15
peligroso	gefährlich 14
pelo *(m)*	Haar 13
pendiente *(m)*	Ohrring 13
pensar	denken 6
pequeño	klein 2
perder	verpassen, verlieren 21
perdona/perdone	Entschuldige(n) (Sie) 1
perdona la molestia	Entschuldigen Sie die Störung 15
periódico *(m)*	Zeitung 4
periodista *(m/f)*	Journalist 2
permitir	erlauben 16
¿me permite ...?	Erlauben Sie, ...? 16
pero	aber 3
perro *(m)*	Hund 15
persona *(f)*	Person 3
Perú *(m)*	Peru 1
peruano	peruanisch 1
pesar	wiegen 13
pesar demasiado	Übergewicht haben 13
pescado *(m)*	Fisch 6
peseta *(f)*	Pesete (span. Währung) 6
peso *(m)*	Gewicht; Peso (mexikanische Währung) 13
pianista *(m/f)*	Pianist 11
pie	Fuß 19
pie (a p.)	zu Fuß 19
piel (de p.)	(aus) Leder 13
pierna *(f)*	Bein 19
pijama *(m)*	Schlafanzug 6
piloto *(m)*	Pilot 11
pintar	malen 11
pintura *(f)*	Bild, Gemälde 7
Pirineos *(mpl)*	Pyrenäen 17
piscina *(f)*	Schwimmbad 3
piso *(m)*	Wohnung 16
pizza *(f)*	Pizza 10
planta *(f)*	Stockwerk 7

plátano *(m)*	Banane 10
playa *(f)*	Strand 9
platos *(mpl)*	Geschirr, Teller 20
poco *(un p.)*	ein wenig 8
poder	können 11
¿podría ...?	Könnten Sie...? 17
poesía *(f)*	Poesie 5
pollo *(m)*	Hähnchen 10
ponga	Setzen/legen/stellen Sie... 10
poner	setzen, legen, stellen 8
ponerse en marcha	anlassen (Motor), einschalten 22
popular	beliebt, bekannt 6
Portugal	Portugal 8
portugués	portugiesisch 21
postre *(m)*	Nachtisch 10
por	von, durch 1
por aquí	hier entlang 7
por desgracia	unglücklicherweise 13
por favor	bitte 1
por la tarde	nachmittags, abends 1
por lo general	normalerweise 5
¿por qué?	Warum? 6
porque	weil
precio *(m)*	Preis 6
preferir	bevorzugen 6
pregunta *(f)*	Frage 11
preguntar	fragen 8
preparar	vorbereiten 5
presentar	vorstellen 18
prima *(f)*	Cousine 19
principio (al p.)	(am) Anfang 20
prisa (darse p.)	Eile, sich beeilen 23
probablemente	möglicherweise, wahrscheinlich 22
problema *(m)*	Problem 8
profesor *(m)*	Lehrer 1
profesora *(f)*	Lehrerin 8
programa *(m)*	Programm 16
pronto	bald 10
propósito (a p.)	übrigens 7
provisiones *(fpl)*	Lebensmittel 6
próximo	nächste/r/s 18
¡puaj!	Igitt! 4
puedo (¿en qué p. servirle/la?)	Kann (ich Ihnen behilflich sein?) 6
puente *(m)*	Brücke 7
puerta *(f)*	Tür 3
puerto *(m)*	Hafen 3
pues	dann 6
puesto (de trabajo)	Job, Arbeitsplatz 2
puré *(m)* **de tomate**	Tomatenpürree 10

Q

¿qué?	Was? 2
¡qué bien!	Sehr gut! 4
¿qué ponen?	Was wird gepielt (Theater/Kino)? 15
¿qué tal?	Wie geht's? 2

¿qué talla gasta?	Welche Größe tragen Sie/ trägt er/sie? 6
¿qué te parece...?	Was meinst du zu ...? 13
¿qué te parece?	Was meinst du? 6
que	welche/r/s, der, die, das 4
que (lo q.)	der/die/dasjenige, welche/r/s 6
quedar	(übrig)bleiben 20
quedarse	zurückbleiben 14
queja	Beschwerde 20
quejarse	sich beschweren 20
querer	mögen, gern haben, wollen 1
queso *(m)*	Käse 4
¿quién?	Wer? 4
quince	fünfzehn 5
quinientos	fünfhundert 6
quinto	fünfte/r 7
quisiera	ich möchte gern 6
quizá/quizás	vielleicht 6

R

radio *(f)*	Radio 14
raqueta *(f)*	Tennisschläger 14
ratos *(mpl)* **libres**	Freizeit 16
razonable	vernünftig, angemessen 22
recepción *(f)*	Empfang 1
recibir	bekommen, erhalten 17
recientemente	kürzlich 20
recordar	erinnern 21
recto (todo r.)	gerade, ehrlich 7
refresco *(m)*	Erfrischungsgetränk 1
regalar	schenken 15
regalo *(m)*	Geschenk 16
régimen *(m)*	Diät 4
regresar	zurückkehren 19
regreso *(m)*	Rückkehr 21
reírse	lachen 21
reloj	Uhr 6
reñir	streiten 8
reportaje *(m)*	Bericht 3
resaca *(f)*	(Morgen)kater 19
reservar	reservieren 18
respirar	atmen 16
restaurante *(m)*	Restaurant 3
reunirse con	sich treffen mit 18
reunión *(f)*	Besprechung, Treffen 15
revista *(f)*	Zeitschrift 14
rico	reich 17
rincón *(m)*	Ecke 3
riña *(f)*	Streit 8
río *(m)*	Fluss 7
rodilla *(f)*	Knie 19
rojo	rot 3
rollo *(m)*	Filmrolle (f. Kamera) 16
romperse	zerbrechen 17
rubio	blond, hell 13
ruina *(f)*	Ruine 4
ruido *(m)*	Geräusch 20

S

sábado	Samstag 3
sacar billetes *(mpl)*	Karten lösen 18
sacar fotos *(fpl)*	Fotos machen 16
sala *(f)* **de estar**	Wohnzimmer 3
salchichas *(fpl)*	Salchichas (span. Wurstart) 20
salir	(hinaus)gehen 5
salir de paseo *(m)*	spazieren gehen 20
saltar	springen 21
salud *(f)*	Gesundheit 17
sano	gesund 17
sauna *(f)*	Sauna 3
se	(Reflexivpronomen - siehe Grammatik) 8
se	ihm, ihr, ihnen 8
sé	ich weiß 6
sección *(f)*	Abteilung 7
secretaria *(f)*	Sekretärin 3
sed *(f)* **(tener s.)**	Durst (haben) 18
seda *(f)* **(de s.)**	(aus) Seide 6
segundo	zweite/r/s 7
seis	sechs 1
sello *(m)*	Briefmarke 7
semana *(f)*	Woche 5
semejante	solch ein/e 20
sentado (estar s.)	sitzen(d) 14
sentarse	sich (hin)setzen 16
sentirse	fühlen 19
señor *(m)*	Herr 1
séptimo	siebte/r/s 7
señora *(f)*	Frau 2
ser	sein 1
servicios *(mpl)* **(los s.)**	Toiletten 1
servido	serviert 4
sesenta	sechzig 6
setecientos	siebenhundert 6
setenta	siebzig 6
setiembre	September 15
sexto	sechste/r 7
sí	ja 1
siempre	immer 5
siéntese	setzen Sie sich 16
siento (lo s.)	es tut mir leid
siete	sieben 1
simpático	sympatisch, angenehm 8
siga	gehen Sie weiter 7
¡silencio!	Ruhe! 4
silla *(f)*	Stuhl 3
sin	ohne 3
sin duda	zweifellos 20
sitio *(m)*	Ort 9
sobre	auf 3
sobrina *(f)*	Nichte 2
socialmente	sozial, gesellschaftlich 17
¡socorro!	Hilfe! 23
sobrino *(m)*	Neffe 2
sofá *(m)*	Sofa 3
sol *(m)*	Sonne 11

solamente	nur 23
solo	allein, einsam 19
sólo	nur 8
soltero *(m)*	ledig 1
sombrero *(m)*	Hut 14
sois	ihr seid 1
somos	wir sind 1
son	sie sind 1
soy	ich bin 1
sopa *(f)*	Suppe 10
sopa (f) **de letras**	"Buchstabensuppe" (Wortspiel) 20
sorprenderse	überrascht sein 8
su/sus	sein/e, ihr/e, Ihr/e, ihr/e 2
sucio *(m)*	schmutzig 18
sucursal *(f)*	Zweigstelle 2
suele *(von* **soler***)*	gewöhnlich, gewohnt (von gewöhnen) 6
suelo *(m)*	Boden 20
sueño *(m)*	Traum 17
sueño (**tener s.**)	müde (sein) 19
suerte (**tener s.**)	Glück (haben) 19
Suiza	Schweiz 9
suéter *(m)*	Pulli 6
supermercado *(m)*	Supermarkt 6
suplemento *(m)*	Zuschlag (Zug) 18
susurrar	flüstern 23
suyo/a/os/as	seine, deine, ihre 14

T

talla	Größe 6
también	auch 3
tampoco	auch nicht 9
tampoco yo	ich auch nicht 9
tan	also 11
tanto	so viel/e 11
tardar en	dauern 18
tarde *(f)*	spät 4
por la tarde	am Nachmittag/Abend 5
tarjeta *(f)* **de crédito**	Kreditkarte 18
tarjeta *(f)* **postal**	Postkarte 14
taxi *(m)*	Taxi 9
te	dir 4
té *(m)*	Tee 1
teatro *(m)*	Theater 15
tele *(f)*	TV 5
telefonear	telefonieren 9
teléfono *(m)*	Telefon 3
televisión *(f)*	Fernsehen 5
televisor *(m)*	Fernseher 3
temprano	früh 5
tener	haben 6
tener que	müssen 24
tengo	ich habe 2
tercero	dritte/r 7
terminar	beenden 5
terrible	schrecklich 19
tía *(f)*	Tante 2
tiempo	Wetter 9
tiempo (a t. parcial)	halbtags 16
tienda *(f)*	Laden 3
tienda *(f)*	Zelt 9
tiene	er/sie/es hat, Sie (singular) haben 1
tinto	Rot(wein) 4
tío *(m)*	Onkel 2
tipo *(m)* **de**	eine Art 6
tirar	werfen 22
tirar de	ziehen 22
tobillo *(m)*	Knöchel 19
tocar	spielen (Instrument) 5
a/en todas partes *(fpl)*	überall 3
todo recto	gerade, geradeaus 7
todos	alle, jeder 4
todavía	(immer) noch nicht 4
tomar	trinken, nehmen 1
tomar una ducha *(f)*	duschen 5
tomate *(m)*	Tomate 10
toros *(mpl)*	Stierkampf 5
tortilla *(f)*	Omelett 10
tostada *(f)*	Toast 10
trabajo *(m)*	Arbeit, Job 1
traer	bringen 1
tráenos	bring' uns 1
tráiganos	bringen Sie uns 10
traje *(m)*	Anzug 21
tranquilamente	ruhig 23
tranquilo	ruhig 17
trasladarse	sich begeben, umziehen 9
treinta	dreißig 10
tren *(m)*	Zug 8
tres	drei 1
triste	traurig 3
tristemente	traurigerweise 23
tú	du 1
tu	dir 1
tubo *(m)*	Tube 10
tuerza	er/sie/es dreht 7
tuerzo *(von* **torcer**)	ich drehe 22
turista *(m/f)*	Tourist/in 8
turístico	touristisch, Tourist 9
tuviste	du hattest 8
Turquía	Türkei 9
tuyo/a	dein/e 14

U

un/o *(m)*	ein 1
una *(f)*	eine 2
único	einzig, nur 14
unos/as *(mpl/fpl)*	einige, eine/r/s 5
universidad *(f)*	Universität 9
usted *(**Vd** Sp/**Ud** LA)*	Sie (sing.) 1
ustedes *(**Vd** Sp/ **Uds** LA)*	Sie (pl) 1
utilizar	benutzen 11

V

va	er/sie/es geht, Sie (sing.) gehen 5
vacaciones *(fpl)*	Urlaub, Ferien 9
¡vale/de acuerdo/está bien!	OK/einverstanden! 2
valor	Wert 3
vamos	wir gehen, gehn wir, los, lass uns gehen 5
vaqueros *(mpl)*	Jeans 6
varios	mehrere, verschiedene 3
Vd = usted	Sie (sing.) 1
Vds = ustedes	Sie (pl) 1
veces	manchmal 3
vecino	Nachbar 11
vegetariana	Vegetarier/in 4
veinte	zwanzig 2
vender	verkaufen 21
¡venga!	Mach schon! Los! 7
ventana *(f)*	Fenster 3
ver	sehen 5
verano *(m)*	Sommer 9
verdad *(f)*	Wahrheit 6
¿(de) verdad?	Wirklich? 19
verdaderamente	wirklich 23
verde	grün 3
vestíbulo *(m)*	Diele 3
vestido *(m)*	Kleidung, Anzug 6
vez *(f)*	mal 15
a vez (alguna v.)	manchmal 20
veces (¿cuántas v.?)	Wie oft? 16
viajar	reisen 3
viaje *(m)*	Reise, Trip 2
vida *(f)*	Leben 5
vida (¡en mi v.!)	Noch nie in meinem Leben! 20
vídeo *(m)*	Video 16
viejo	alt 13
viene (... que v.)	nächste/r/s, kommend 11
viento (hacer v.)	windig (sein) 14
viernes	Freitag 5
vino *(m)*	Wein 4
visitar	besuchen 5
vivir	leben 2
volver	zurückkommen, zurückkehren 5
volver (al v.)	bei der Rückkehr 18
vosotros	ihr (pl) 1
voy	ich gehe 5
vuelo *(m)*	Flug 18
vuelvo	ich komme wieder 5
vuestro	euer/eure (pl) 14

Y

y	und 1
ya	schon 4
ya lo sé	ich weiß 20
ya no	nicht mehr 2
ya viene	hier kommt er/sie schon 15
yo	ich 1
yogur *(m)*	Joghurt 10

Z

zanahorias *(fpl)*	Karotten 10
zapatos *(mpl)*	Schuhe 6